Amazônia

Von **OLIVER PRANGE**

Im letzten Jahrzehnt verbrachte Sebastião Salgado viel Zeit im Amazonasgebiet. Er bereiste dessen Flüsse und die dichten Dschungel, überflog Gebirgsketten per Helikopter. Seine ersten Kontakte mit indigenen Völkern gehen aber schon auf die 1980er-Jahre zurück. Er lebte unter den Menschen, die in kleinen Gemeinschaften über den grössten tropischen Regenwald der Welt verstreut existieren. Ihr Leben hat sich im Wesentlichen seit Tausenden von Jahren kaum verändert.

Salgado erklärt: «Die indigenen Völker Amerikas sind Nachkommen der Einwanderer, die während der letzten Eiszeit vor etwa 20000 Jahren von Asien aus die Beringstrasse überquerten. Mit der Ankunft der europäischen Konquistadoren und Kolonisatoren im 16. Jahrhundert wurde ihre Zahl durch die von diesen Fremden eingeschleppten Krankheiten und durch Kriege dezimiert.» Das Amazonasgebiet erstreckt sich über neun südamerikanische Länder, wobei mehr als 60 Prozent des Regenwaldes in Brasilien liegen. Die Bevölkerung dieser Region wurde im Jahr 1500, als portugiesische Seefahrer in Brasilien landeten, auf etwa 5 Millionen geschätzt. Heute leben in einem Gebiet, das mehr als achtmal so gross ist wie Frankreich, nur noch 370000 Indigene. Sie gehören 188 Völkern an und sprechen rund 150 verschiedene Sprachen. Weitere 114 Völker wurden identifiziert, aber bislang nicht kontaktiert. Bedroht werden diese Völker durch die Abholzung riesiger Teile des Amazonas-Regenwaldes. Es soll Platz für Viehzucht und Sojaanbau geschaffen werden. Hierfür werden die Wälder in Brand gesetzt, was einen überaus negativen Einfluss auf das Klima hat. Sebastião Salgado möchte mit seinen Bildern einen Beitrag zum Schutz des Waldes und der Menschen, die in und mit ihm leben, leisten. Diese *Du*-Ausgabe zeigt einen kleinen Ausschnitt seines ausserordentlichen neuen Werks *Amazônia*. Das gleichnamige Buch ist 2021 im Taschen-Verlag erschienen. Sebastião Salgado hat es den indigenen Völkern des brasilianischen Amazonasgebietes gewidmet.

Cover: Nationalpark Serra do Aracá, Bundesstaat Amazonas, 2019. Die Wasserfälle El Dorado (hinten) und El Desabamento stürzen an den Steilwänden der Tepuis (Tafelberge aus Sandstein und Quarzit) in die Tiefe.

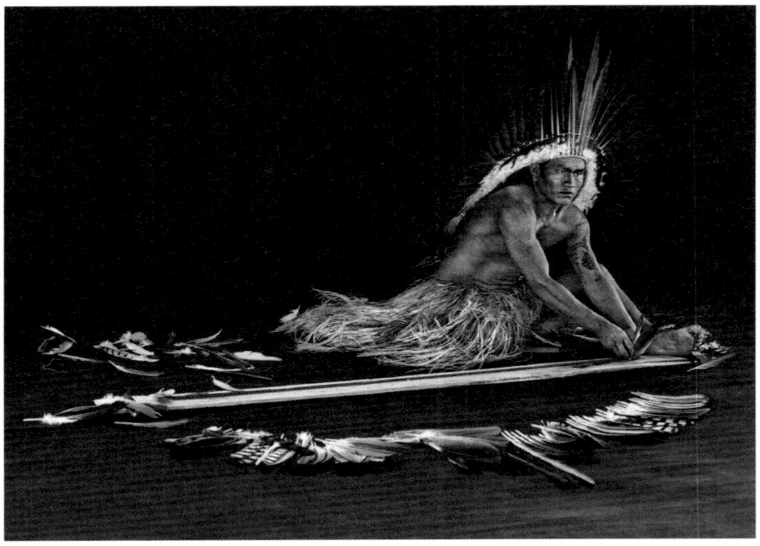

Miró (Viná) Yawanawá fertigt Federschmuck an, ein Handwerk, das gründlich erlernt werden muss. Sebastião Salgado nahm das Bild 2016 in seinem mobilen Fotostudio im indigenen Schutzgebiet Rio Gregório im Bundesstaat Acre auf.

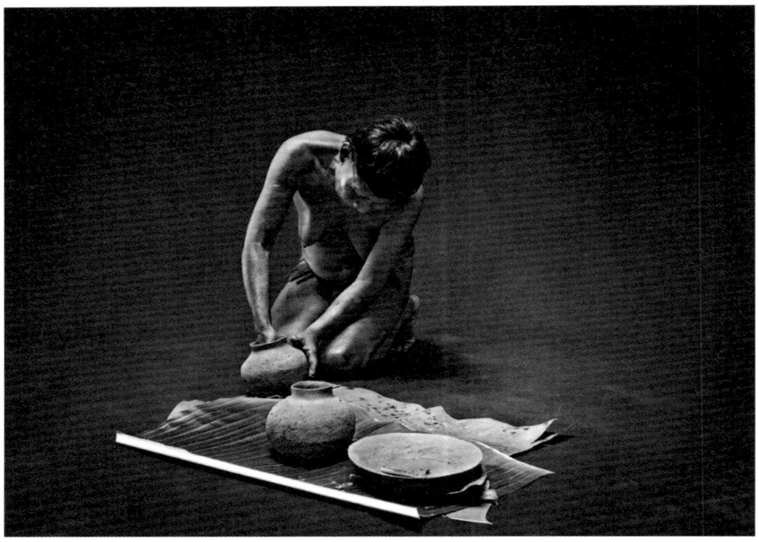

Musy modelliert im indigenen Schutzgebiet des Suruwahá-Volkes im Bundesstaat Amazonas ein Wassergefäss aus Ton, *jawari* genannt. Sebastião Salgado nahm das Bild 2017 auf.

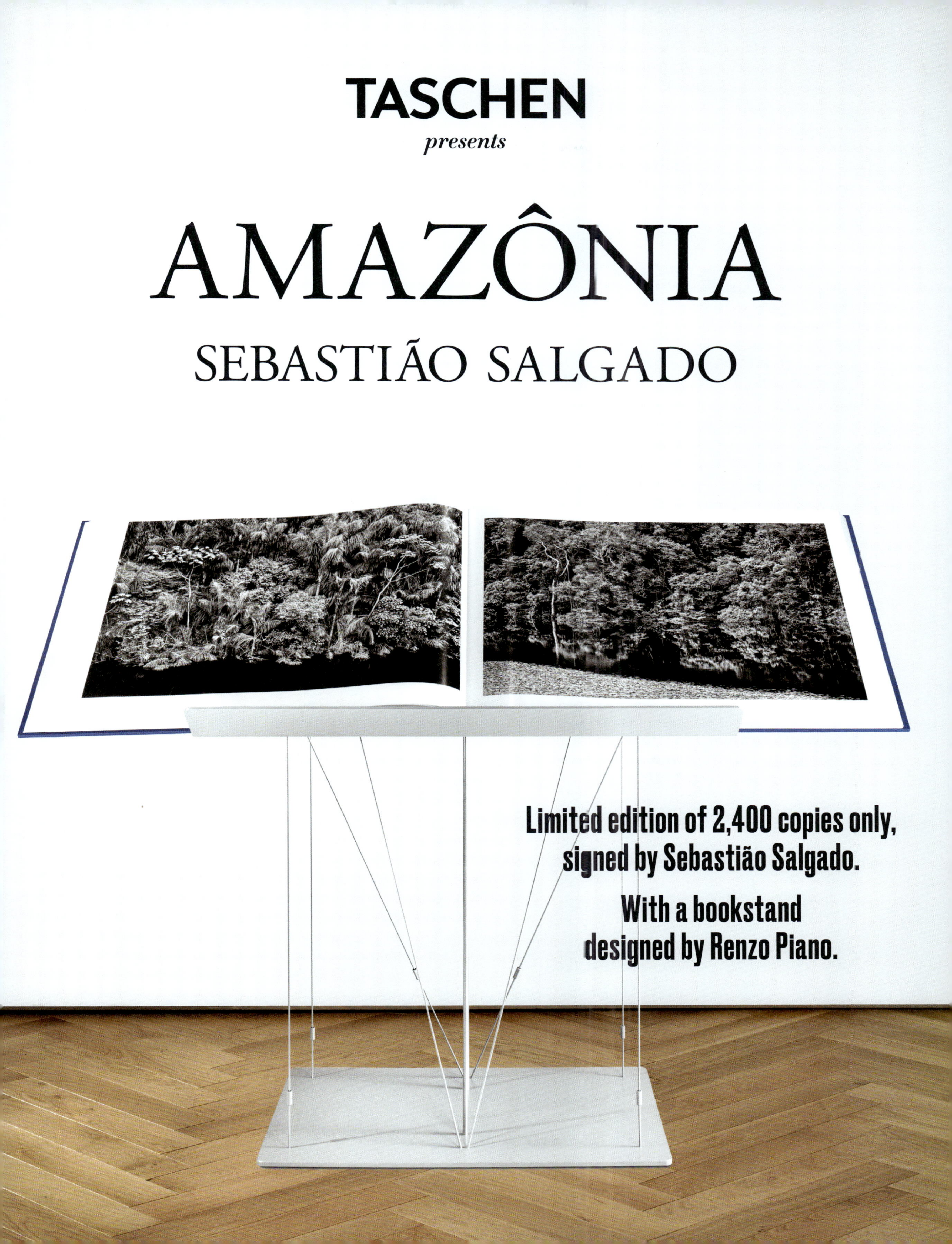
TASCHEN
presents
AMAZÔNIA
SEBASTIÃO SALGADO
Limited edition of 2,400 copies only, signed by Sebastião Salgado.
With a bookstand designed by Renzo Piano.

Du 908 – September/Oktober 2021

Amazônia – Sebastião Salgado

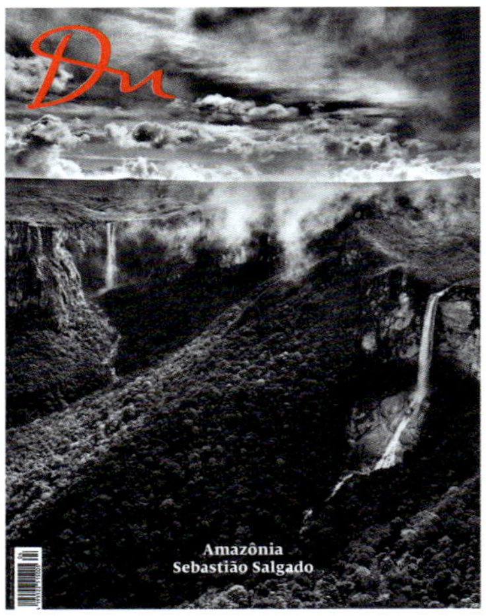

Herausgeberin
Du Kulturmedien AG
Hottingerstrasse 10
CH-8032 Zürich

Gründer
Arnold Kübler (1890–1983)

Verleger und Chefredaktor
Oliver Prange
oliver.prange@du-magazin.com

Fotodirektorin und Gesamtkomposition
Ute Noll
ute.noll@du-magazin.com

Textchef
Benedikt Sarreiter

Korrektorat
Andrea Leuthold, Birgit Roth, Patrizia Villiger

Anzeigenverkauf und Beratung
anzeigen@du-magazin.com

Anzeigen Deutschland
Hanne Knickmann
hk@hanne-knickmann.de

Redaktion und Verlag
Telefon +41 44 266 85 55
Telefax +41 44 266 85 58
redaktion@du-magazin.com
abo@du-magazin.com

Gestaltung und Realisation
Matthias Frei, Hannah Stähli
frei – büro für gestaltung gmbh
Hottingerstrasse 10
CH-8032 Zürich
www.freigestaltung.ch

Druck
NEEF + STUMME GmbH
Schillerstrasse 2
D-29378 Wittingen
Telefon +49 5831 23-0

Lithografie
Prodigious Zürich
Stadelhoferstrasse 25
CH-8001 Zürich

Jetzt Abo bestellen
abo@du-magazin.com
Telefon +41 58 200 55 23

Jahresabonnement
Schweiz CHF 160.–
Deutschland/Österreich EUR 139,–
Übriges Europa EUR 169,–
Übersee EUR 199,–

Internet
www.du-magazin.com

ISBN: 978-3-907315-07-1
ISSN: 0012-6837

Du erscheint 8-mal jährlich.

TEXTNACHWEIS
Sebastião Salgado, Editorial von *Sebastião Salgado – Amazônia*, Taschen 2021, S. 32–51; die Bildunterschriften und Texte zu den indigenen Völkern sind in teilweise gekürzter und veränderter Form dem Fotoband *Sebastião Salgado – Amazônia*, Taschen 2021, entnommen.

BILDNACHWEIS
Titelbild und alle Fotografien dieser Ausgabe: © Sebastião Salgado, *Amazônia*, Taschen 2021. Ausnahmen: © Captain Felipe Reichert, 2018, S. 15; © All rights reserved, Taschen 2021, S. 16 o.

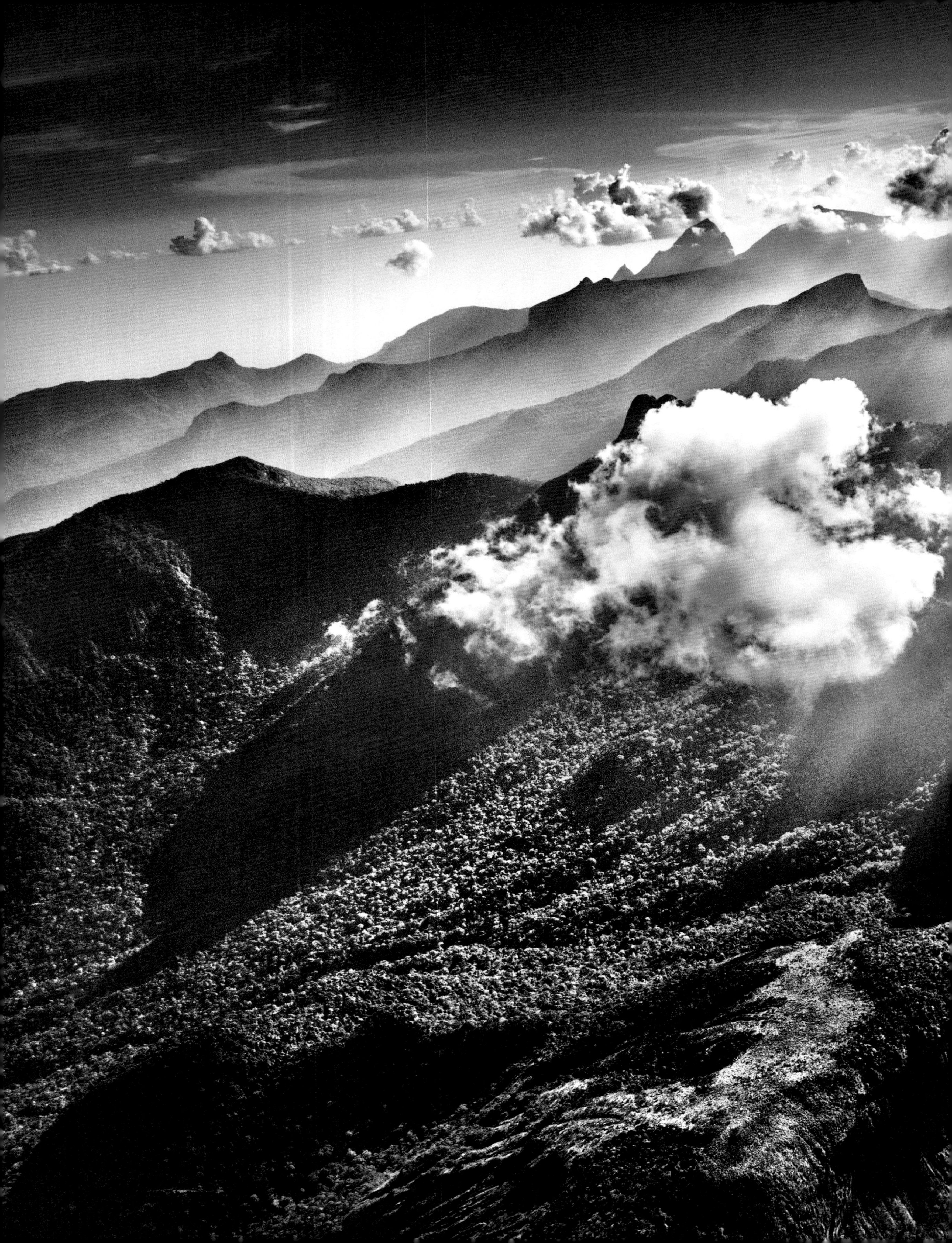

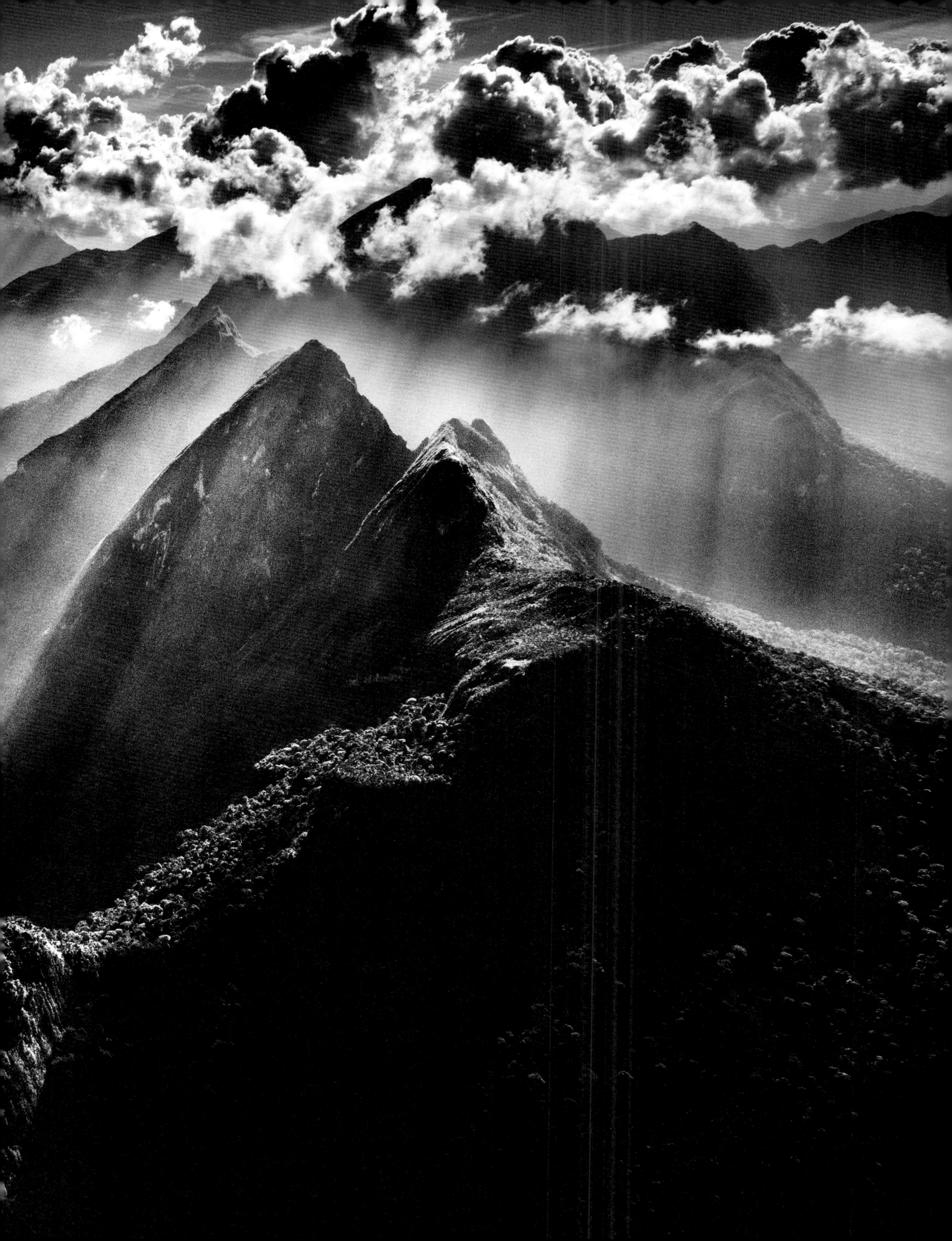

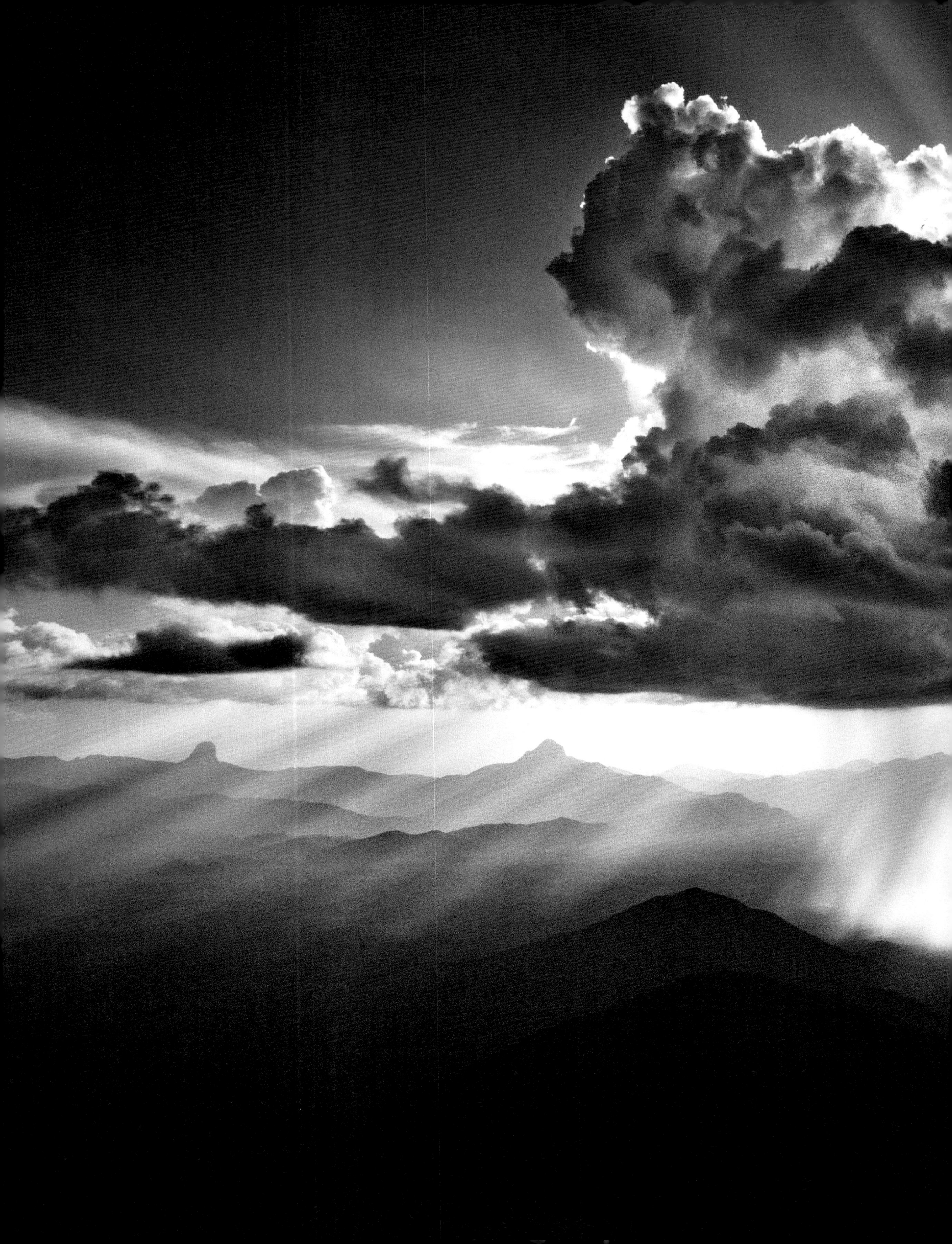

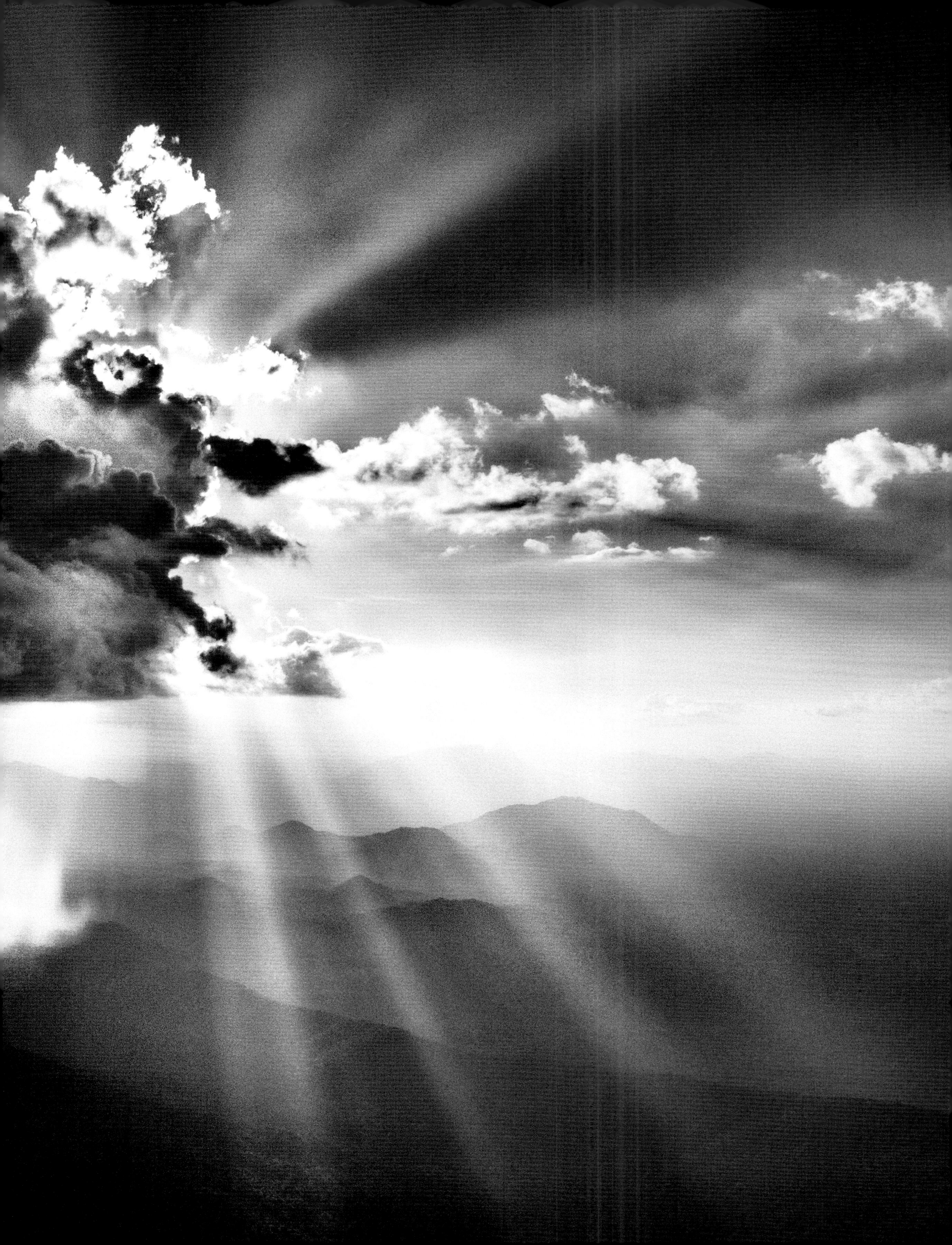

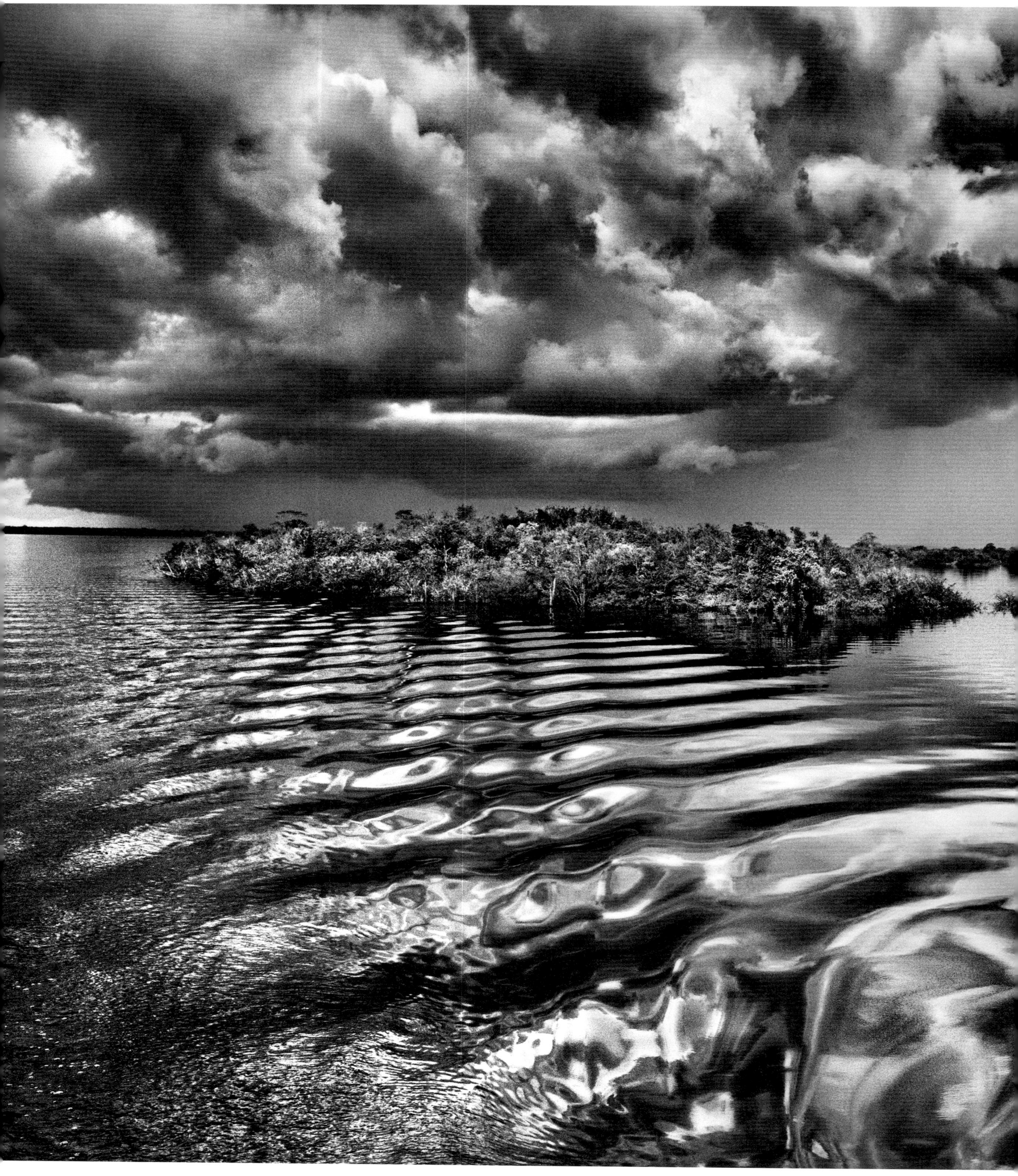

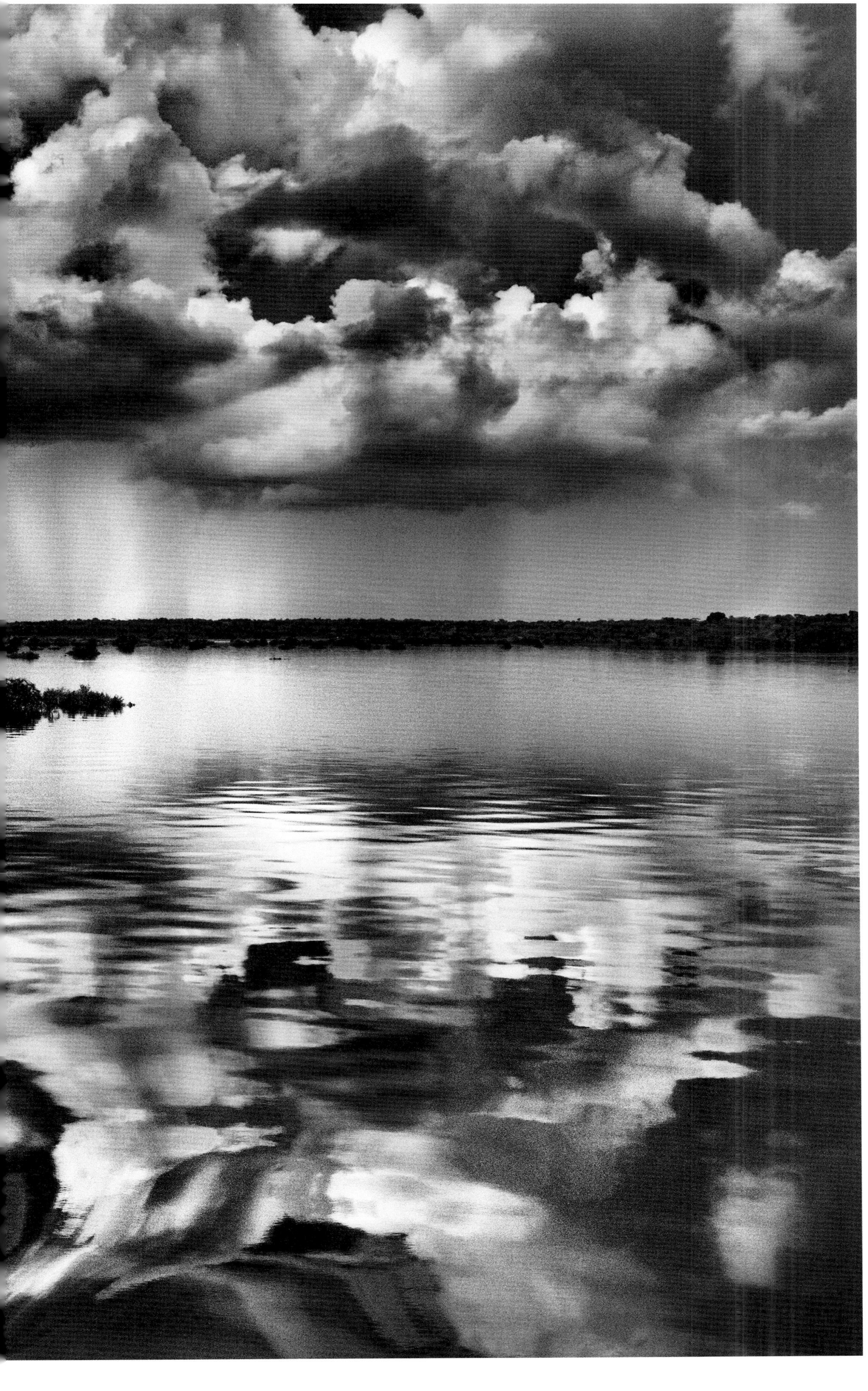

Seite 8/9: Marauiá-Gebirgszug im indigenen Schutzgebiet der Yanomami in der Gemeinde São Gabriel da Cachoeira im Bundesstaat Amazonas.

Seite 10/11: Regenwolke über der Serra Marié-Mirim im indigenen Schutzgebiet der Yanomami, Bundesstaat Amazonas. Während täglich etwa 17 Milliarden Tonnen Wasser aus dem Amazonas in den Atlantik gelangen, steigen in einem vergleichbaren Zeitraum geschätzt 20 Milliarden Tonnen Wasser aus dem Dschungel in die Atmosphäre auf und verbreiten sich als sogenannte «fliegenden Flüsse». Sebastião Salgado hat sie als Erster fotografiert.

Flusslandschaft an der Mündung des Jaú im Bundesstaat Amazonas.

«Im Regenwald geschieht alles in Slow Motion»

Sebastião Salgados Reisen zu den Völkern des Amazonas-Gebietes sind breit angelegte Expeditionen. Im folgenden Gespräch erklärt er, wie diese vorbereitet werden, wie er und sein Team im Regenwald leben und warum die Politik des brasilianischen Präsidenten Bolsonaro nicht die grösste Bedrohung für den Wald und seine Bewohner ist.

SEBASTIÃO SALGADO im Gespräch mit **OLIVER PRANGE**

Herr Salgado, Sie waren in den letzten Jahrzehnten viele Male im Amazonas-Regenwald, um die Natur und die Menschen, die dort leben, zu fotografieren. In welche Welt sind Sie dabei vorgedrungen?
Nun, der Amazonas-Regenwald ist erst einmal gewaltig gross, achtmal grösser als Frankreich. Wenn man ihn bereisen möchte, ist das etwa so, als würde man von einem Kontinent zu einem anderen fahren. In seinem Zentrum kommt man eigentlich nur mit dem Boot voran, und wir waren oft mehrere Wochen auf den Flüssen unterwegs, um von einem entlegenen Ort zum anderen zu gelangen. Ich hatte aber das Glück, in den letzten Jahren mit der brasilianischen Luftwaffe über den Wald fliegen zu dürfen, um Bilder zu machen. Dabei gelang es mir, auch die bergigen Gegenden des Regenwaldes zu fotografieren. Es sind Bilder entstanden, die es so noch nicht gab und die man auch in meinem neuen Fotoband *Amazônia* betrachten kann.

Was mussten Sie bei Ihren Expeditionen beachten?
Mein Ziel war es immer, indigene Völker zu besuchen. Und das bedarf einiger Vorbereitung. Man muss sie lange vor der eigentlichen Reise kontaktieren. Und das geht nur über die brasilianische National Indian Foundation, die Funai, bei der unter anderem Anthropologen und andere Wissenschaftler arbeiten. Sie fragen bei den Stämmen nach, ob wir kommen dürfen. Diese Anfrage kann mehrere Wochen dauern. Ausserdem brauche ich ein ziemlich grosses Team, das mich begleitet. Ich habe immer einen Anthropologen dabei, Übersetzer, drei, vier Leute, die wissen, wie man die Boote durch die Flüsse navigiert. Es ist gefährlich, immer kann Holz, das unter der Wasseroberfläche schwimmt, die Rotoren der Motoren beschädigen. Dann sind zwei «Buschkapitäne» dabei, die wissen, wie man fischt, wie man Früchte von den Bäumen holt, wie man sich durch den Wald bewegt. Insgesamt sind wir an die fünfzehn Leute. Es ist eine sehr komplexe Angelegenheit.

Könnten Sie bitte erklären, worin die Komplexität genau besteht?
Es beginnt schon damit, dass man vierzehn Tage in Quarantäne muss, bevor man überhaupt zu den Völkern aufbrechen kann. Keiner von uns darf krank sein, und jeder muss alle nötigen Impfungen haben. Denn wenn wir Krankheiten zu den Völkern schleppen, kann das zu deren Auslöschung führen. Wir müssen auch unser gesamtes Essen mitbringen, Reis, Pasta und so weiter. Wir dürfen nichts von den Indigenen annehmen, und sie dürfen nichts von uns bekommen, denn unsere Nahrung macht sie krank. Es ist also sehr viel Gepäck, dass wir mit uns führen. Fisch und Früchte bietet uns der Wald aber im Übermass, was wunderbar ist.

Wie sieht Ihr Leben inmitten des Waldes dann aus?
Wir schlafen in Hängematten, was wirklich eine der besten Arten ist, die Nacht zu verbringen. Sehr gemütlich. Für unsere Notdurft graben wir tiefe Löcher in den Waldboden, die wir nach jedem Stuhlgang ein wenig bedecken, bis sie voll sind. Dann graben wir das nächste Loch. Wir waschen uns in den Flüssen.

Sie treffen dort auf Menschen, die nicht oft Weisse zu Gesicht bekommen. Wie werden Sie empfangen?
Herzlich – sie wissen ja, dass wir kommen. Wir überraschen sie nicht. Und sie sind sehr neugierig, nach ein paar Stunden fühlt man sich wie zu Hause. Sie verhalten sich nicht sehr viel anders als wir beide.

Rechte Seite: Sebastião Salgado.

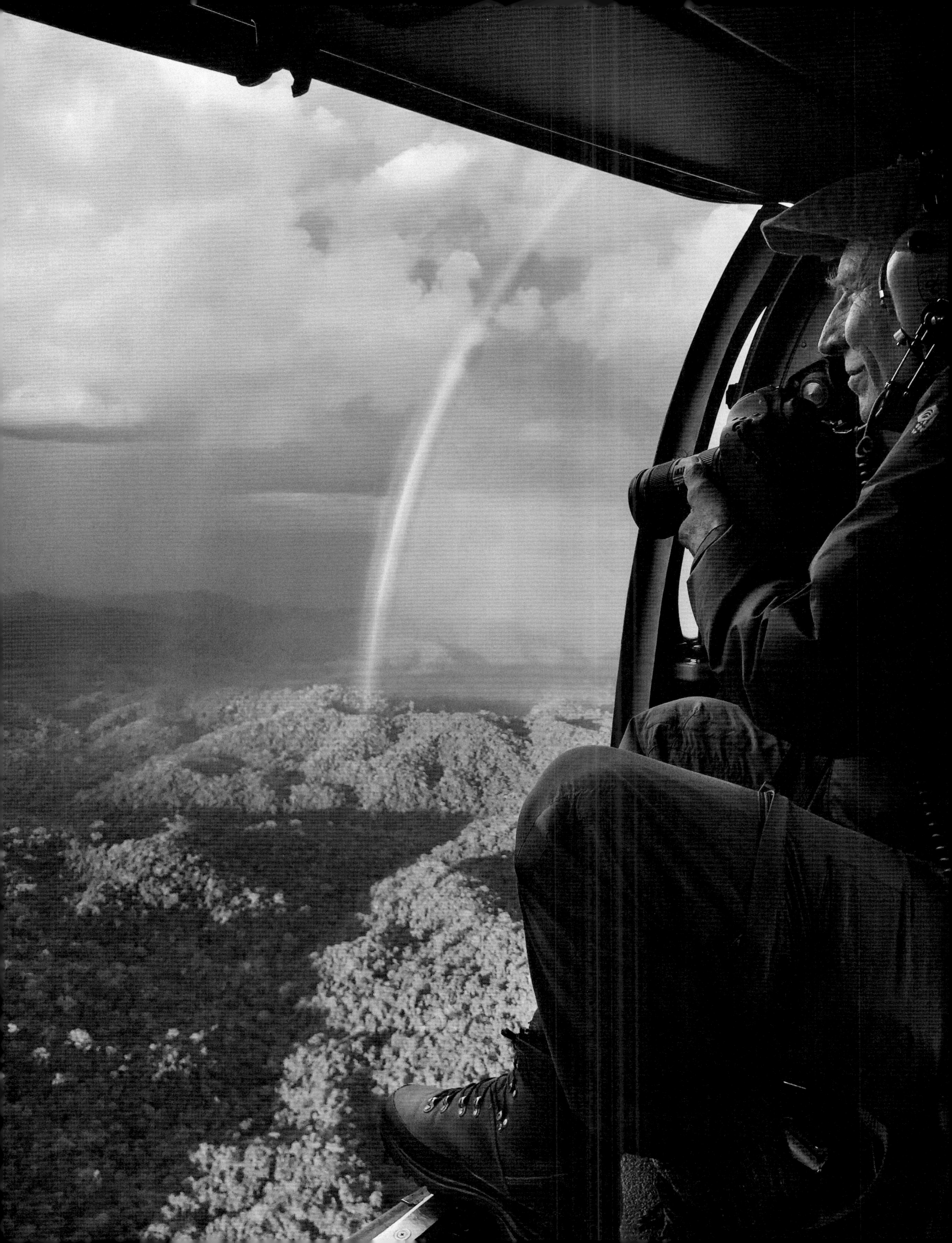

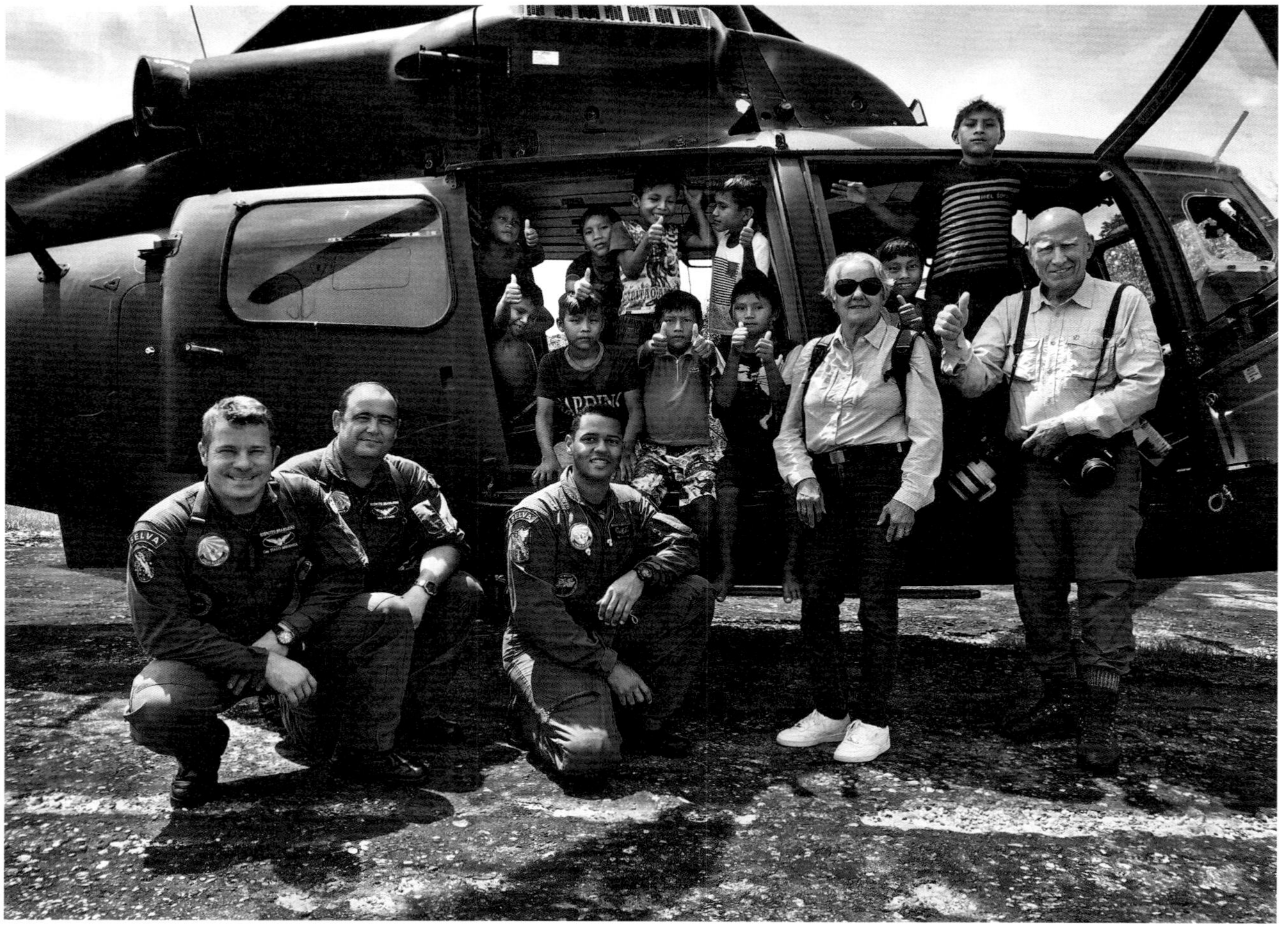

Die zahlreichen Reisen von Sebastião Salgado und seinem Team für sein jüngstes Projekt *Amazônia* erstreckten sich über sechs Jahre. Oft begleitete ihn auch seine Frau Lélia Wanick Salgado. Die Gruppe besuchte zwölf indigene Völker, die zu einem grossen Teil in abgelegenen und oft schwer zugänglichen Regionen des Amazonasgebietes leben. Für die Luftaufnahmen durfte das Team die Hubschrauber der Luftwaffe Brasiliens benutzen, deren Besatzungen bereit waren, sich bei ihren Einsätzen in dieser riesigen Region begleiten zu lassen.

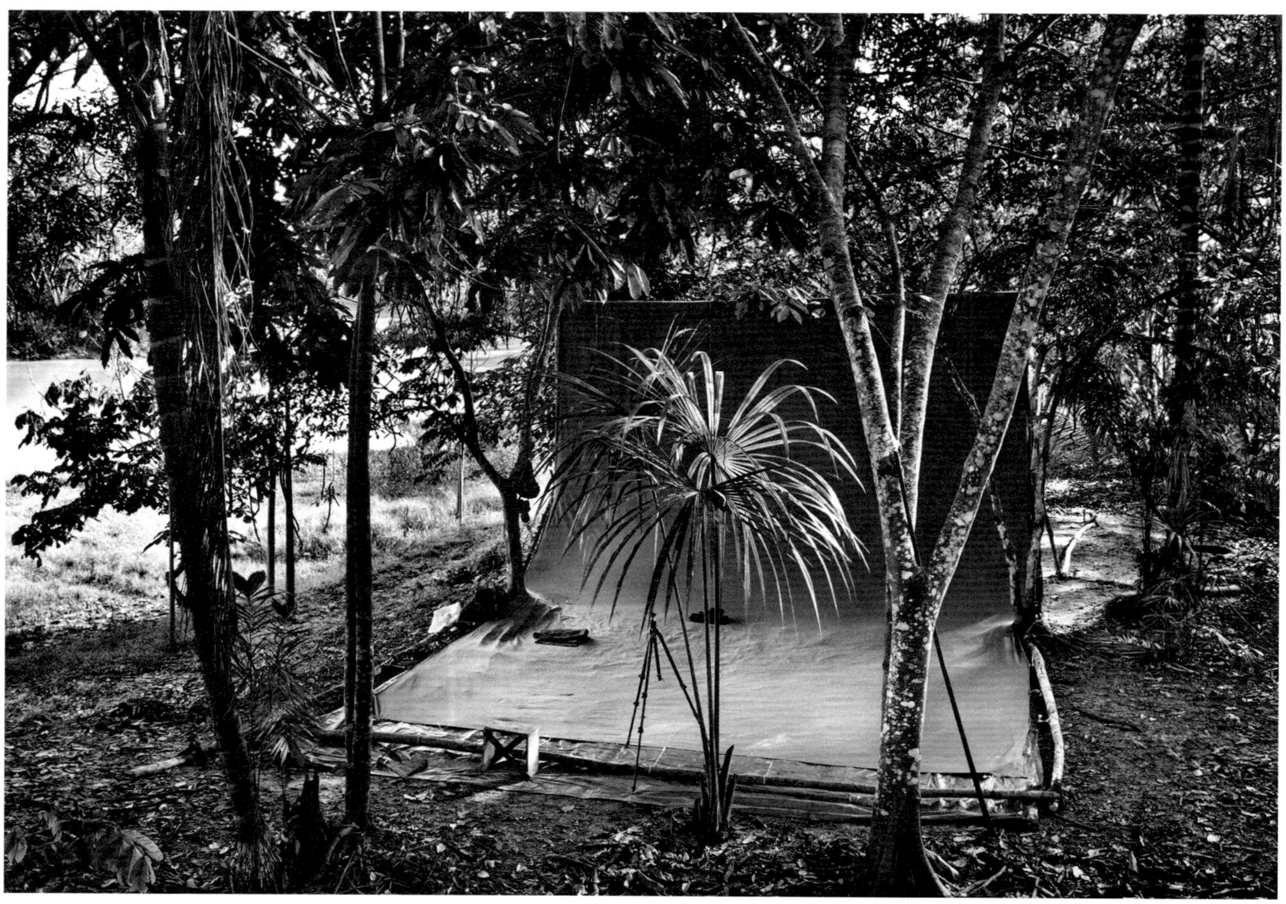

Wegen einer Knieverletzung konnte Sebastião Salgado auf einigen seiner Reisen nicht mit den indigenen Gemeinschaften in die Fischerei- oder Jagdlager reisen, die weit weg von deren Heimatdörfern liegen. Wenn die Gemeinschaft zurückkehrte, um sich zu entspannen, richtete er sein mobiles Studio ein und wartete darauf, dass jemand auf diese besondere Weise fotografiert werden wollte.

Wir sind alle von der Art Homo sapiens. Natürlich unterscheidet sich ihr Leben trotzdem fundamental von unserem. Sie häufen etwa keinen Besitz an, das ist ihnen nicht wichtig. Es geht eher um die Pflege der Beziehungen untereinander. Um ein Leben im Einklang mit der Natur und in Frieden. Für mich gibt es keinen friedlicheren Ort als dort bei den Indigenen im Wald.

Wie reagieren die Indigenen auf Ihre Kamera?
Die interessiert sie nur wenig, und sie haben nichts dagegen, fotografiert zu werden. Sie kennen ihr Antlitz aus der Spiegelung im Wasser, wenn sie aus dem Fluss trinken oder sich dort waschen. Natürlich sind sie neugierig, wie sie auf den Bildern aussehen, und ich zeige sie ihnen dann auf dem Screen der Kamera oder veranstalte manchmal Vorführungen für sie. Sie ziehen sich dann oft gegenseitig auf, lachen über sich selbst und die anderen auf den Bildern. Sehr viel mehr als an der Kamera sind sie allerdings an meinem Schweizer Messer interessiert. Damit können sie etwas anfangen, so ein Messer könnte ihnen in ihrem Alltag von Nutzen sein. Eine Kamera nicht.

Auf welche Art fotografieren Sie? Was ist Ihr Zugang?
Ich mache nicht viele Bilder, fotografiere sehr langsam und warte darauf, dass etwas passiert. Besonders im Regenwald geschieht alles eher in Slow Motion. Die Indigenen leben in einer anderen Geschwindigkeit als wir, und manchmal sind sie über Wochen weg, um auf Jagd zu gehen. Ich bringe also immer viel Zeit mit, wenn ich bei ihnen bin. Bis zu vier Monate war ich schon bei manchen Völkern. Ich mache Bild für Bild in einem ruhigen Rhythmus, der an ihr Leben angepasst ist. Wie meine Fotos wirklich aussehen, kann ich erst beurteilen, wenn ich wieder zu Hause bin und meine Assistenten sie entwickelt haben. Im Dschungel habe ich keinen Computer dabei, um eine Vorauswahl zu treffen oder sie auf dem Bildschirm anzusehen. Ich kann mit denen ohnehin nicht umgehen, weiss nicht einmal, wie man sie anschaltet.

Sie haben schon häufig erwähnt, dass der Amazonas für Sie das letzte Paradies auf Erden ist. Wie gefährdet ist es?
Wir haben rund zwanzig Prozent des Waldes zerstört, und zerstören ihn weiter. Aber der Grossteil ist noch da, den müssen wir bewahren. Es muss jedem klar sein, dass ohne den Amazonas-Regenwald nicht nur das Leben der Indigenen vorbei ist, sondern das unserer gesamten Zivilisation. Wenn wir den ganzen Wald verbrennen, ist das eine CO_2-Bombe unvorstellbaren Ausmasses – das Holz der Bäume speichert den Stoff ja. Das ist nur eine der Gefahren, die mit dem Verschwinden des Regenwaldes einhergehen. Unser Überleben hängt von ihm ab.

Und trotzdem scheint das gerade der brasilianischen Regierung nicht klar zu sein.
Natürlich ist Bolsonaro skrupellos und bekämpft den Wald und seine Bewohner geradezu. Nur: Er ist erst seit drei Jahren an der Macht. Und auch davor wurde schon sehr viel Regenwald gerodet und verbrannt. Eine viel grössere Gefahr für dieses Ökosystem als Bolsonaro ist die globale Konsumgesellschaft. Für Palmölplantagen wurden komplette Regenwälder in Asien vernichtet. Palmfett findet sich sicher auch in Schweizer Schokolade. Der Amazonas-Regenwald verliert an seinen Rändern an Substanz, weil der Platz dort für Sojafelder und Rinderweiden verwendet wird oder für Minen. Firmen und Banken aus der ganzen Welt investieren in diese Geschäfte. Viele Nationen importieren die Produkte, die auf der Erde produziert wurden, wo früher einmal Bäume standen. Es muss eine globale Übereinkunft darüber geben, dass nur Produkte aus Brasilien gekauft werden, die nicht aufgrund illegalen Holzschlags und illegaler Brandrodung hergestellt werden.

Das Problem wird also nicht mit Bolsonaro verschwinden?
Nein. Natürlich müssen wir trotzdem gegen seine Politik protestieren, denn sie ist unmenschlich und sie beschleunigt die Zerstörung des Waldes. Ich versuche diesen Protest mit meinen Bildern zu unterstützen. In ganz Brasilien wird die Umweltbewegung stärker und stärker. Aber um den Wald wirklich zu schützen, muss die ganze Welt zusammenarbeiten.

Sebastião Salgado, 1944 in Aimorés geboren, studierte in São Paulo Wirtschaftswissenschaften. In den 1960er-Jahren engagierte er sich gegen die Militärdiktatur in Brasilien und war 1969 gezwungen, nach Paris auszuwandern. Dort begann er 1973 seine Karriere als Fotograf und arbeitete in der Folge für die Fotoagenturen Sygma, Gamma und Magnum Photos. Im Jahr 1994 gründete er gemeinsam mit seiner Frau Lélia Wanick Salgado die Agentur Amazonas Images (heute ihr Studio), die sein Werk exklusiv vertritt. Mit einer Arbeit über die Arbeitsbedingungen in einer brasilianischen Goldmine wurde er berühmt. Es sollten viele ähnlich aufsehenerregende Reportagen folgen, etwa über die brennenden Ölquellen im Irak während des zweiten Golfkriegs oder über unberührte Flecken der Erde, die dann im Bildband *Genesis* (2014) versammelt und auch in zahlreichen Ausstellungen gezeigt wurden. Die *Du*-Ausgabe 851, *Salz der Erde*, zeigt eine umfassende Auswahl seines Lebenswerkes mit begleitenden Texten und Interviews. Am 20. Oktober 2019 erhielt Sebastião Salgado als erster Fotograf überhaupt den Friedenspreis des Deutschen Buchhandels in der Paulskirche in Frankfurt. Er wurde für «seine Forderung nach sozialer Gerechtigkeit und Frieden in seinen Fotos» sowie sein Engagement für die Natur und deren Erhaltung geehrt. Nicht zuletzt für das Instituto Terra, ein von Salgado und seiner Frau Lélia gegründetes Aufforstungsprogramm, das dafür gesorgt hat, dass im brasilianischen Regenwald bislang rund 2,7 Millionen Bäume gepflanzt wurden. Die Bilder in diesem Magazin sind Teil des Bildbands *Amazônia* (2021), der zusammen mit einer Art-Edition im Taschen-Verlag, Köln, erschienen ist und den seine Frau Lélia Wanick Salgado herausgegeben hat. Sebastião Salgado bereiste dafür sechs Jahre lang das brasilianische Amazonasgebiet.

YANOMAMI

Die Yanomami sind das grösste Volk mit geringem Kontakt zur Aussenwelt. Von den etwa 40 000 Menschen leben ungefähr 28 000 in Brasilien und 12 000 in Venezuela. Sie bewohnen eine Kette von Bergen und Tälern im äussersten Norden Brasiliens, im grössten indigenen Schutzgebiet des Landes, an der Grenze zu Venezuela gelegen, vom Norden des Bundesstaates Roraima bis zum Rio Negro im Bundesstaat Amazonas.

Rechte Seite: Junges Yanomami-Mädchen im Festschmuck: Die *pirimahiki* sind dünne Holznadeln, die – mit leichten Abweichungen für jede Person – als Piercing um den Mund und in der Nase getragen werden. An den Armen trägt das Mädchen «Honigblätter» (*Justicia pectoralis*), die einen als angenehm empfundenen Duft verströmen. Die getrockneten Blätter können auch wie Tabak geschnupft werden.

Ein Schwarm Schmetterlinge steigt am Flussufer im Dorf Tototobi auf, während Frauen und Kinder des Yanomami-Volkes baden gehen.

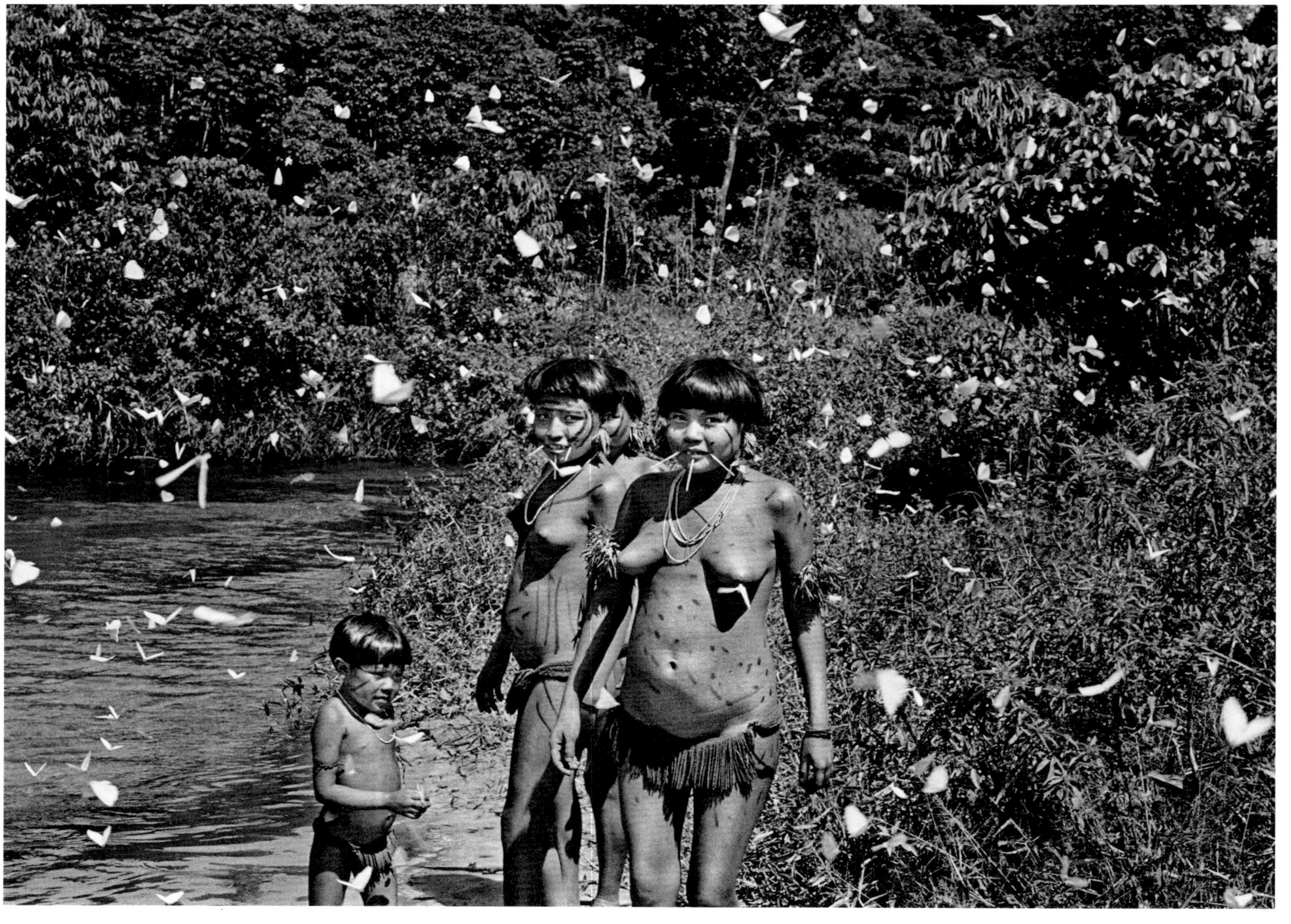

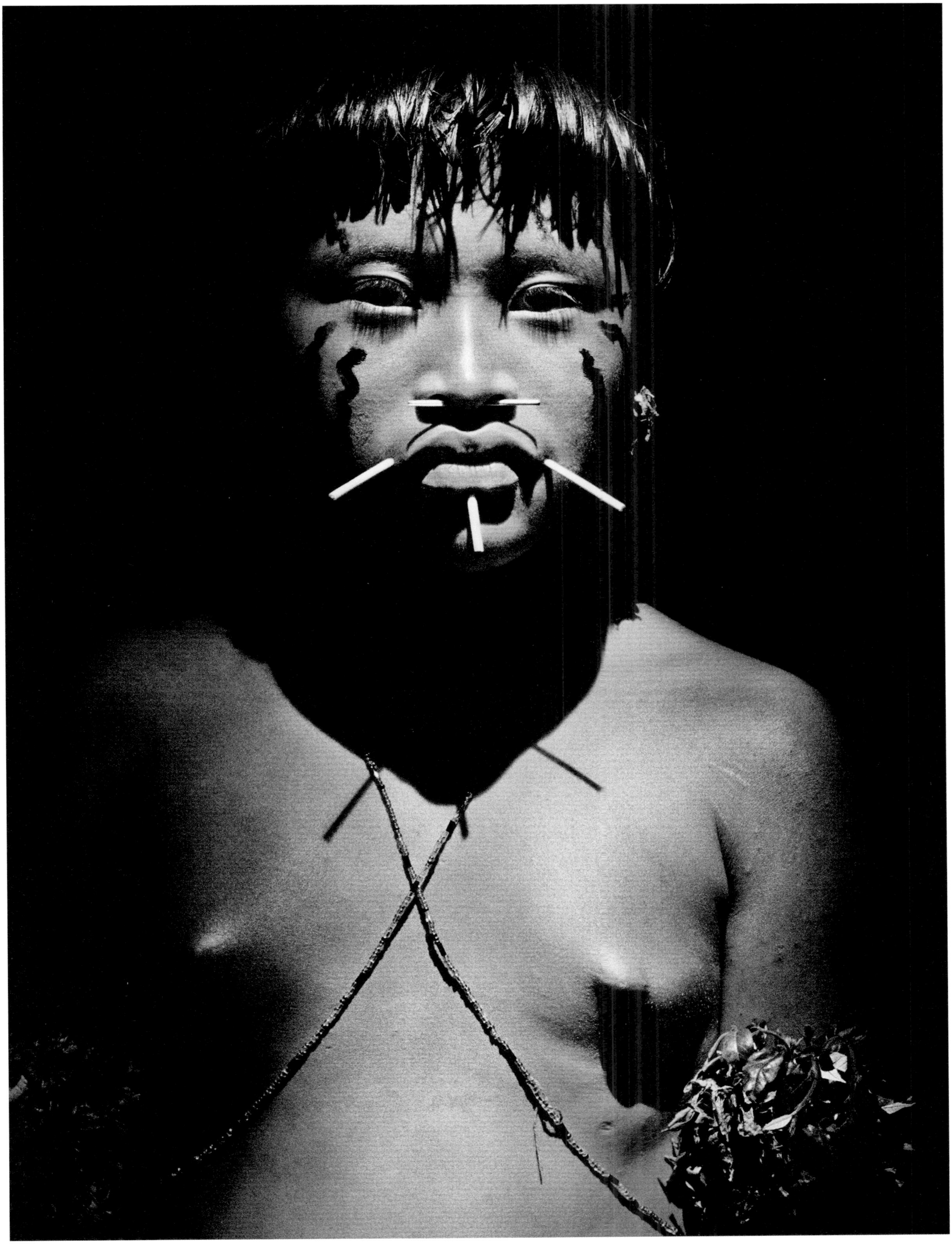

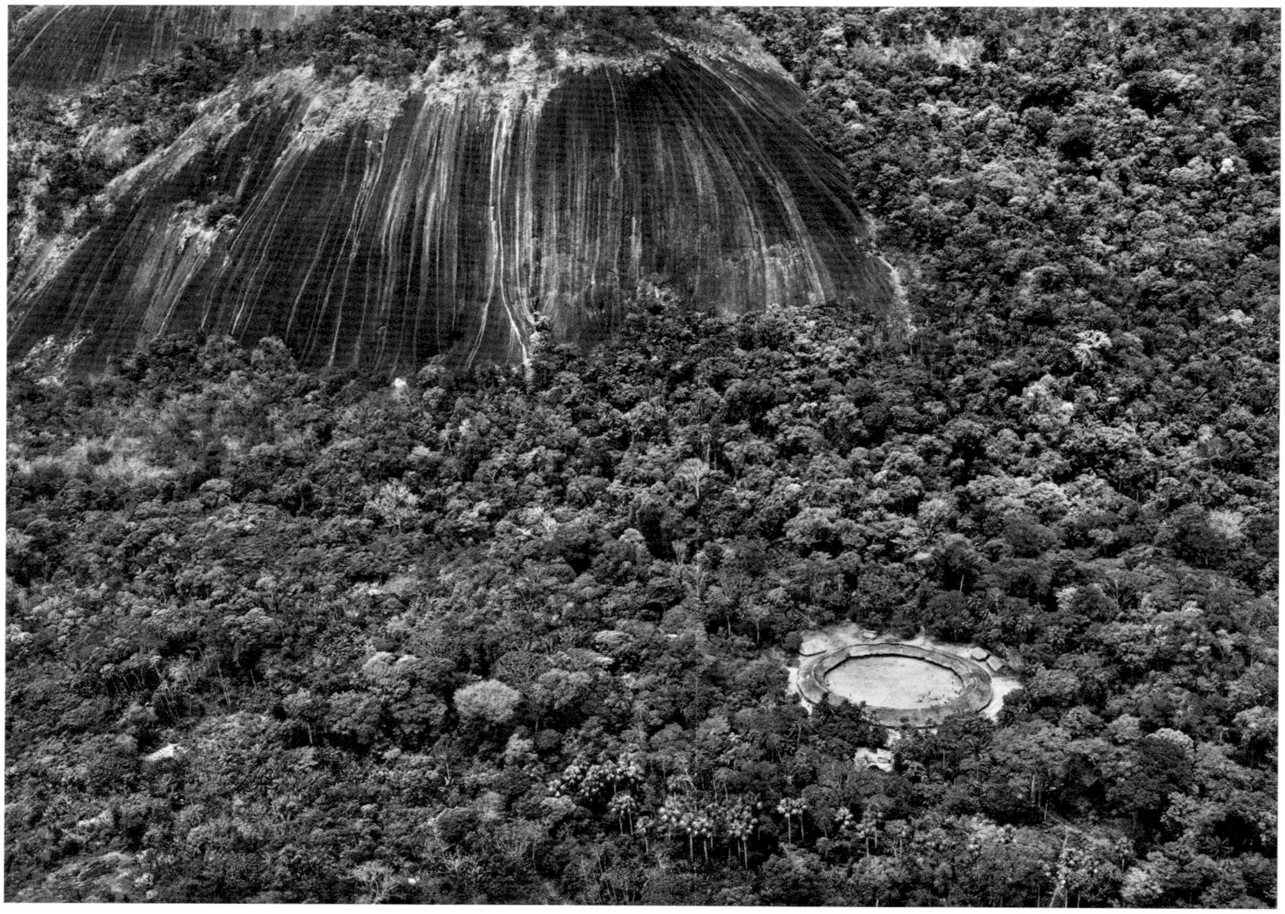

Das Dorf Watoriki im indigenen Schutzgebiet der Yanomami ist von einem üppigen Wald umgeben, in dem in Dorfnähe verschiedene Obstbäume wachsen und der von einem grossen dunklen Felsen überragt wird.

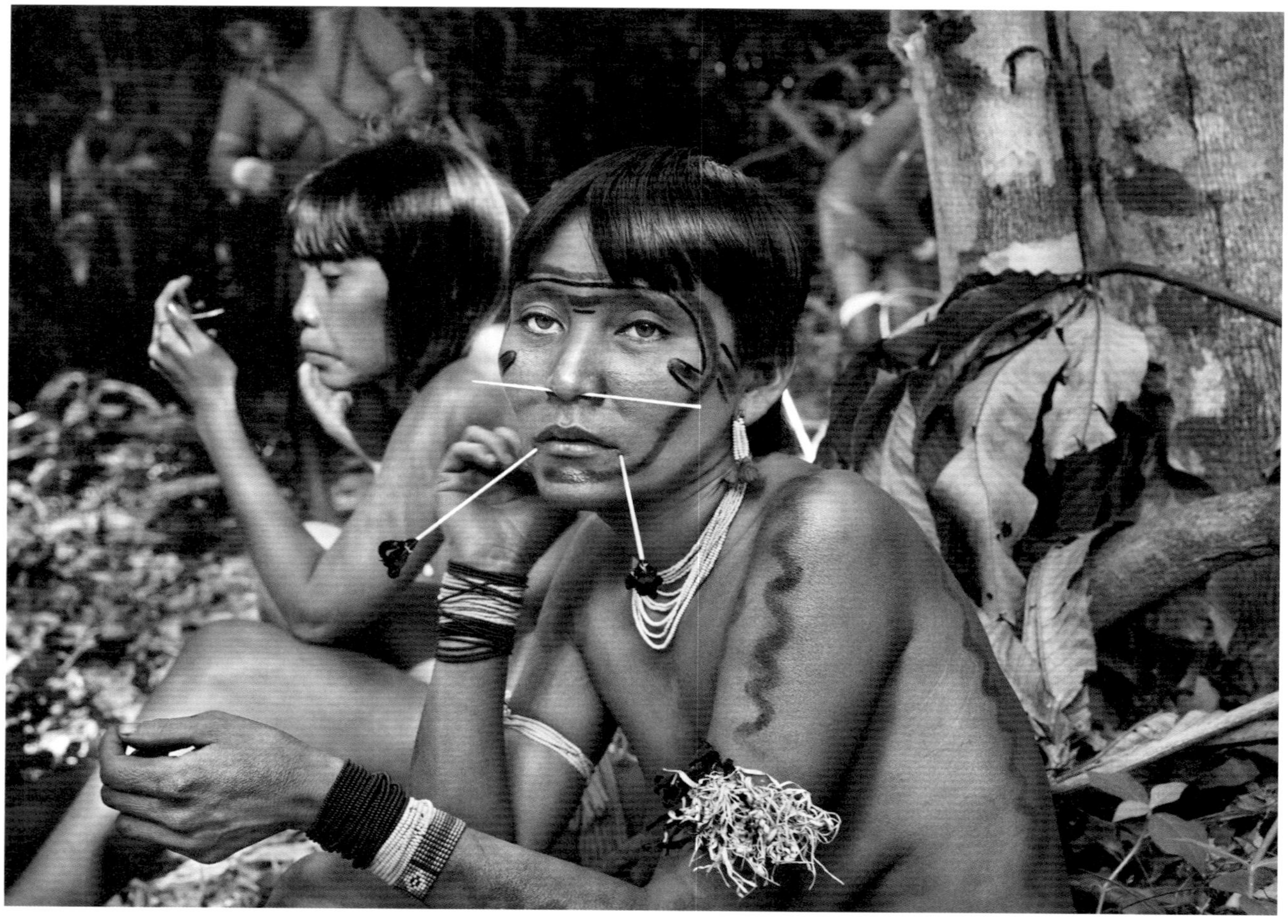

Josane (im Vordergrund) und Aldeni, beide Yanomami, leben in Siedlungen am Fluss Demini; Josane im Dorf Ponto Quebrado und Aldeni in Watoriki.

Die Frauen anderer Siedlungen tanzen mit jenen von Piaú, wenn sie sich zu einem Fest einfinden. Diese triumphale Ankunft simuliert eine «Invasion»: Die Männer geben vor, Pfeile auf die Bewohner zu schiessen, und alle tanzen im Kreis durch die *maloca*, das kommunale Langhaus, um sich den Gastgebern vorzustellen. Anschliessend begeben sie sich auf den zentralen Platz, wo sich die Anführer in einer rituellen Debatte, die einer improvisierten Poesie-Performance gleicht, unterhalten und Neuigkeiten über ihre Dorfgemeinschaften seit dem letzten Treffen austauschen.

Nächste Doppelseite: Luftaufnahme des Jutaí, der sich durch ein extrem flaches Waldgebiet im Bundesstaat Amazonas schlängelt.

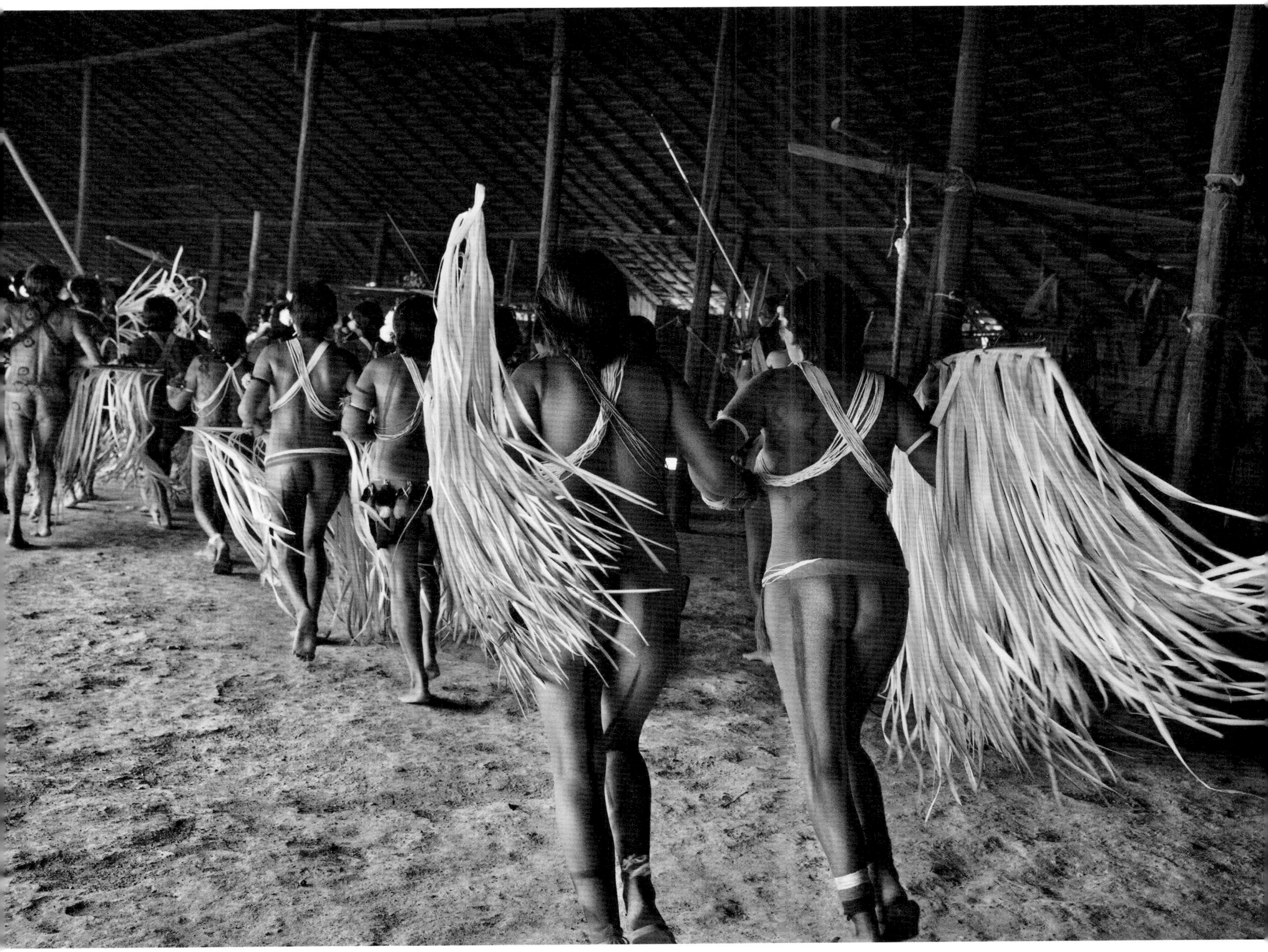

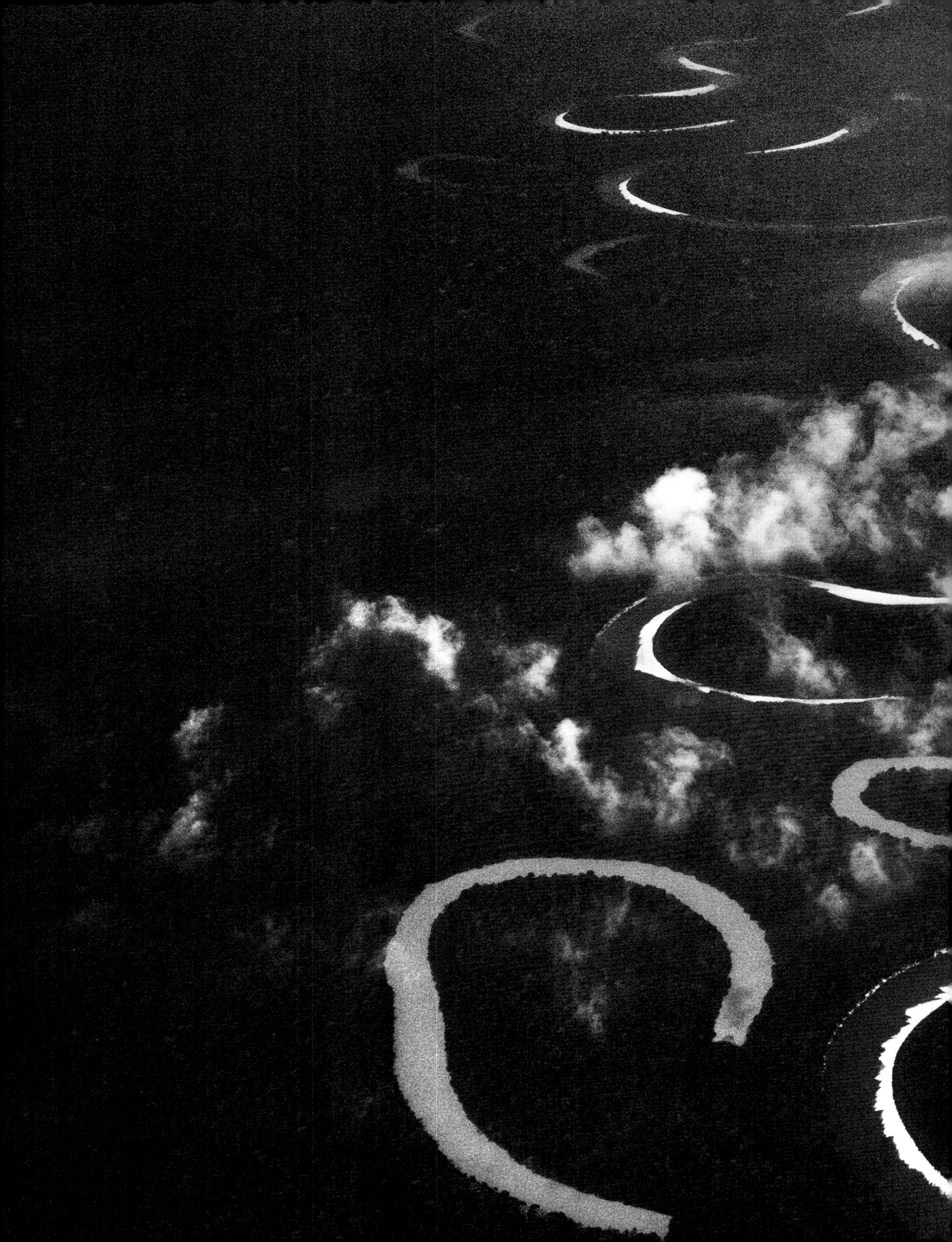

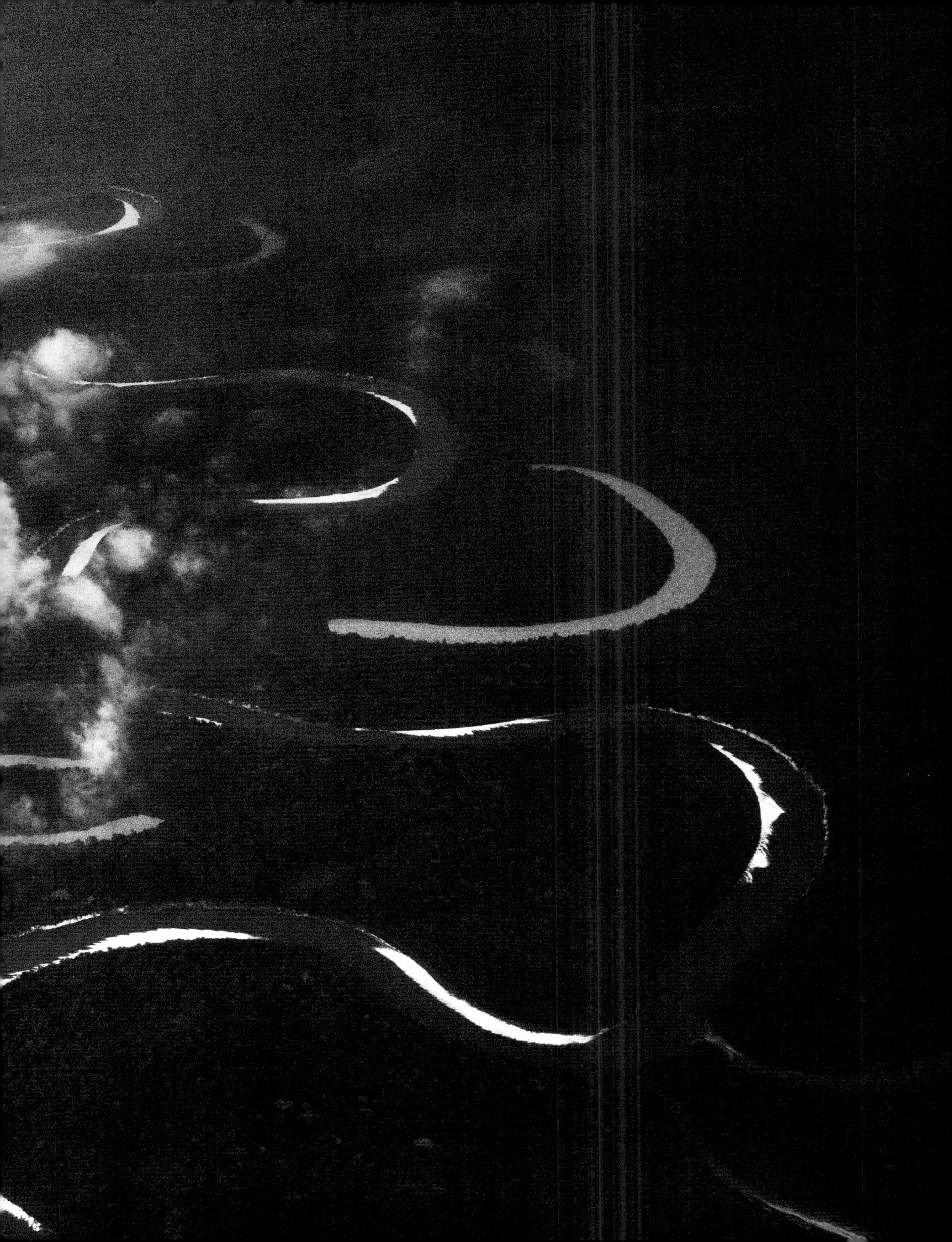

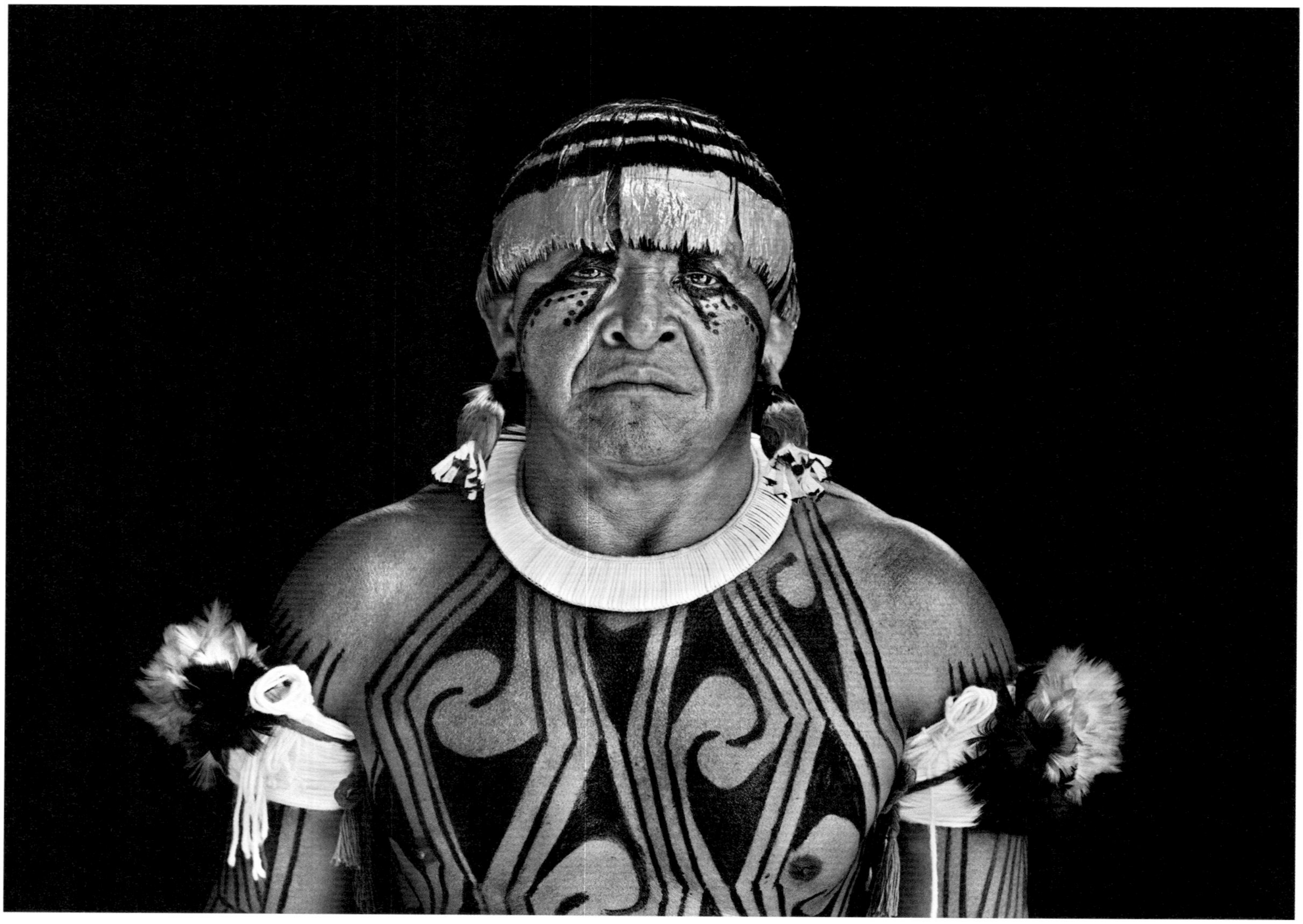

XINGU

Das indigene Schutzgebiet Xingu, wie es offiziell heisst, liegt im Bundesstaat Mato Grosso und ist die Heimat von 6000 Ureinwohnern aus 16 Völkern, die 5 Sprachgruppen zuzuordnen sind. Es liegt im Übergangsbereich zwischen zwei unterschiedlichen Biomen, Amazonien und Cerrado (Savanne), wodurch es Eigenschaften beider aufweist und über eine ähnliche Fauna und üppigen Wald verfügt. Allerdings ist der Kontrast zwischen Regen- und Trockenzeit wesentlich ausgeprägter als im nördlich gelegenen tropischen Regenwaldgebiet. Das Xingu-Gebiet gilt als berühmtestes indigenes Gebiet Brasiliens, das durch die Bilder seiner Feste und seinen Einfluss auf die brasilianische Literatur während der gesamten zweiten Hälfte des 20. Jahrhunderts weltweite Bekanntheit errang.

Kotok, Oberhaupt der Kamayurá, im indigenen Schutzgebiet Xingu im Bundesstaat Mato Grosso.

Rechte Seite: Samuraia Tapiÿrÿ, ein junger Krieger der Kamayurá, hält zwei Tigerspatelwelse. Die Nahrung der Indigenen des Oberen Xingu besteht hauptsächlich aus Gerichten auf Basis von Maniok und Fisch.

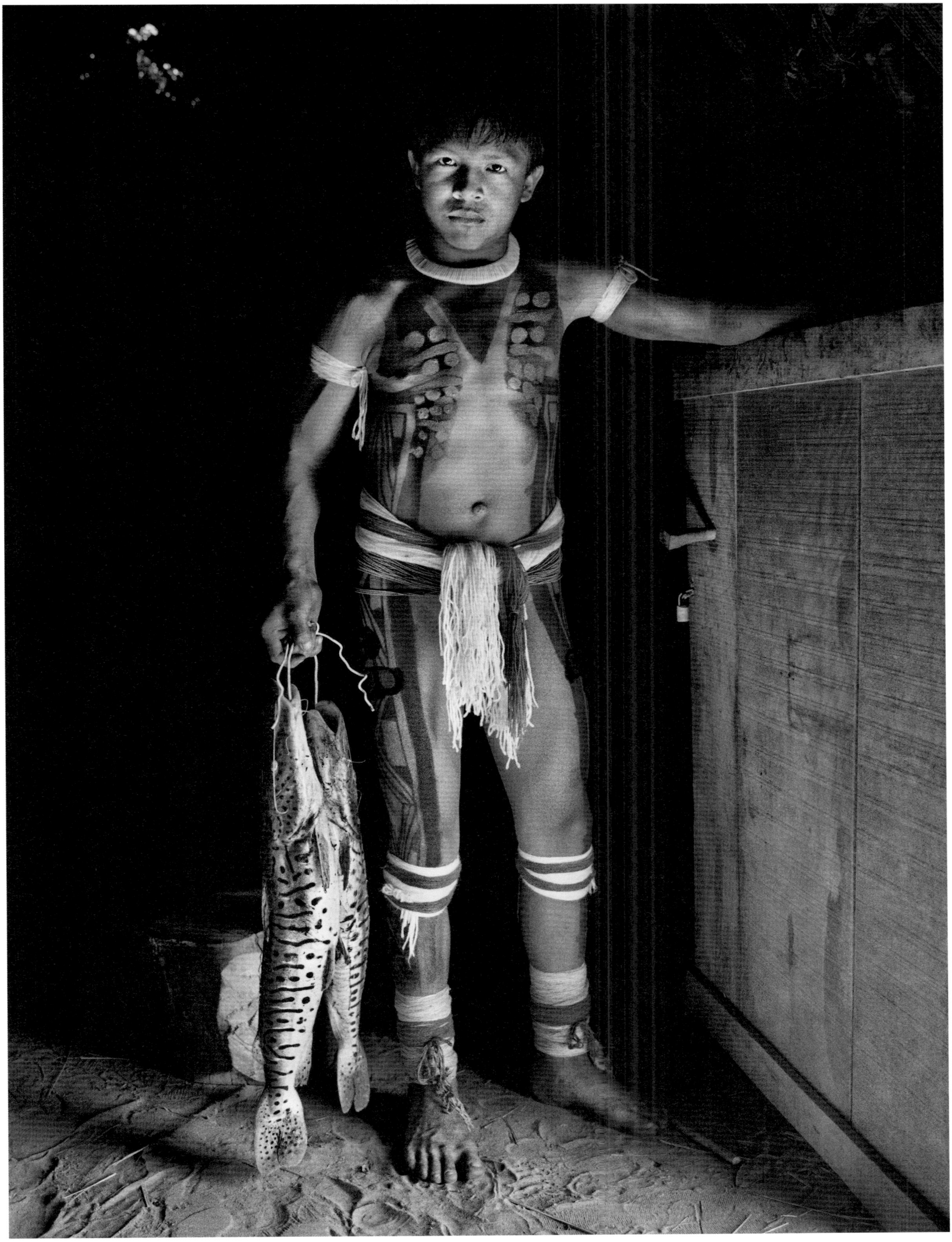

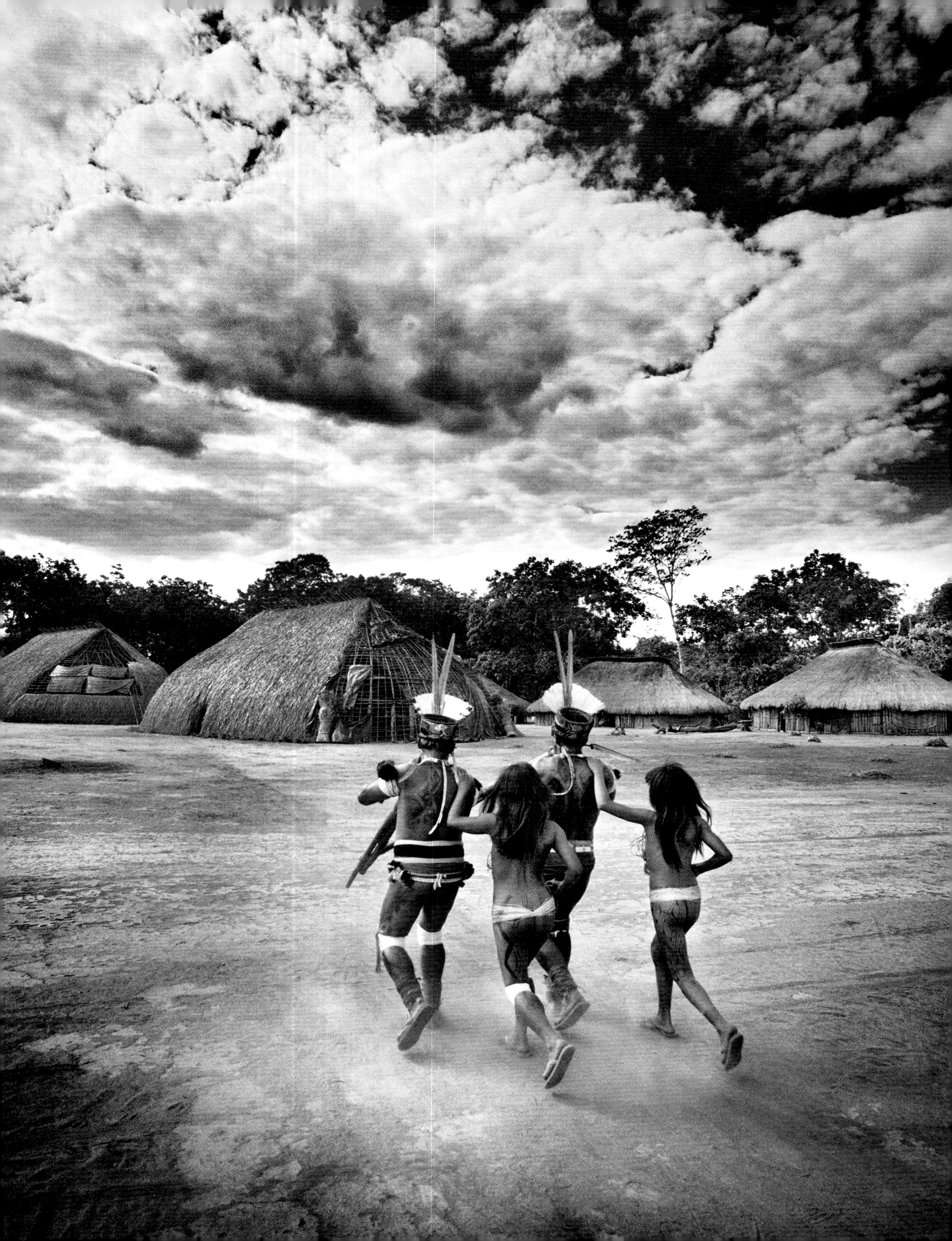

Linke Seite: Während des Kuarup-Festes holen zwei Krieger der Kuikuro zwei Mädchen ab, die nach ihrer ersten Menstruation ein ganzes Jahr in Abgeschiedenheit verbracht haben. Sie werden den anwesenden Gästen in einer Art rituellen Parade vorgestellt.

Frauen der Yawalapiti tanzen beim Yamurikumã-Fest der Frauen in einem Dorf der Kamayurá im indigenen Schutzgebiet Xingu. Die Männer verlassen dafür die Mitte der Dörfer, und die Frauen erobern symbolisch die Macht und bilden eine ausschliesslich weibliche Gesellschaft, bei der die Männer symbolisch in Schweine verwandelt werden.

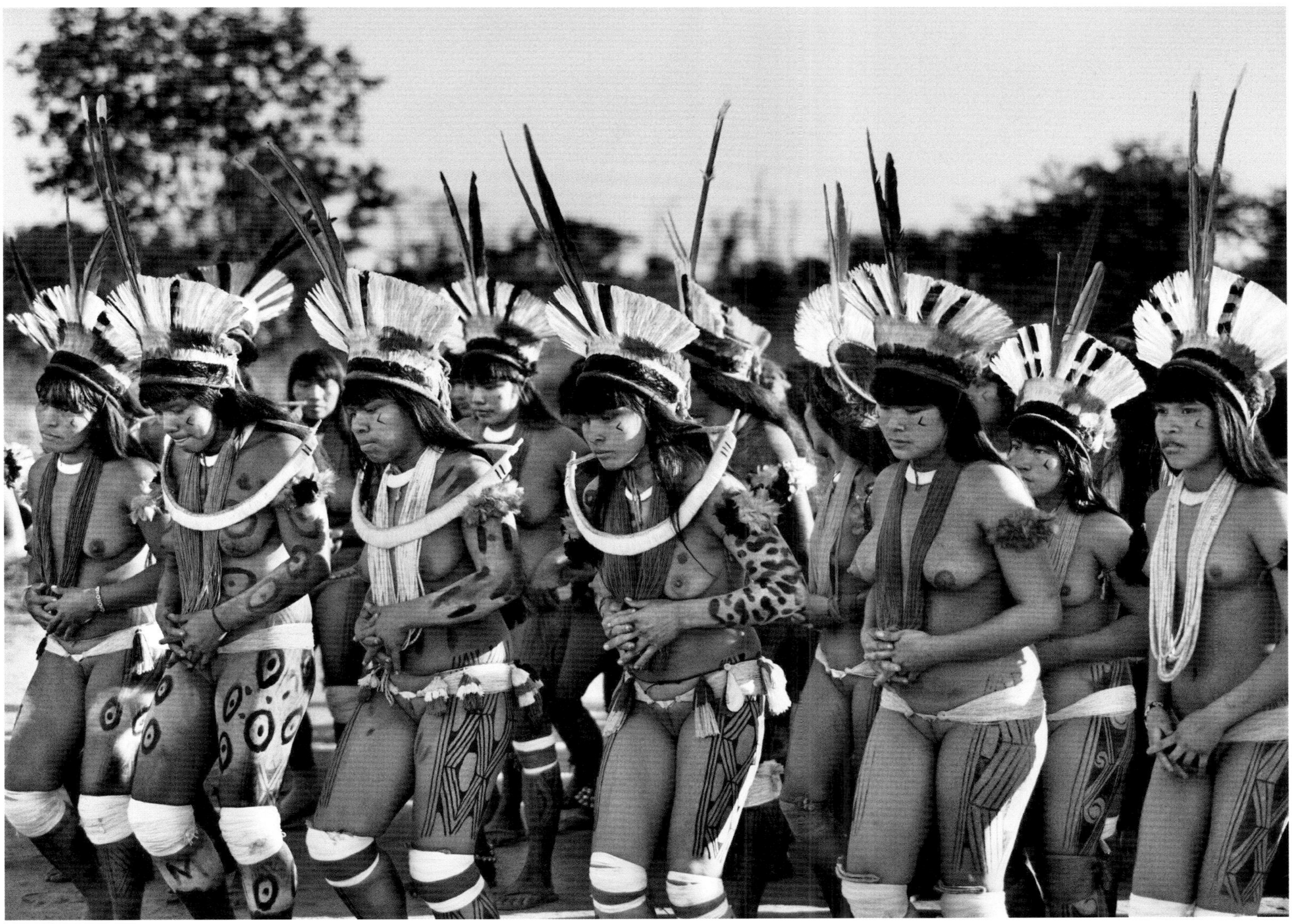

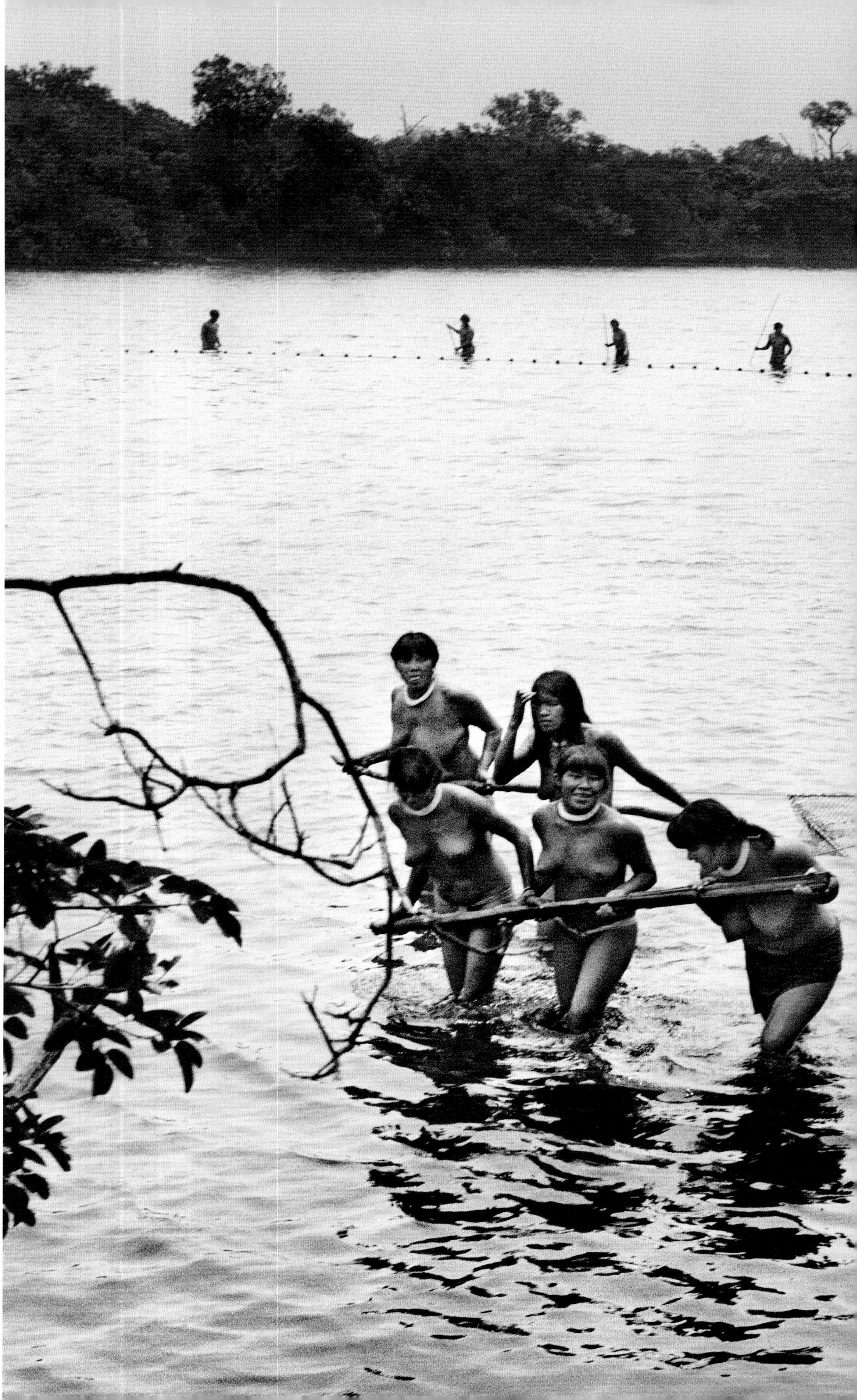

Kamayurá holen im Ipavu-See ein Fischernetz ein, um das Yamurikumã-Fest der Frauen vorzubereiten.

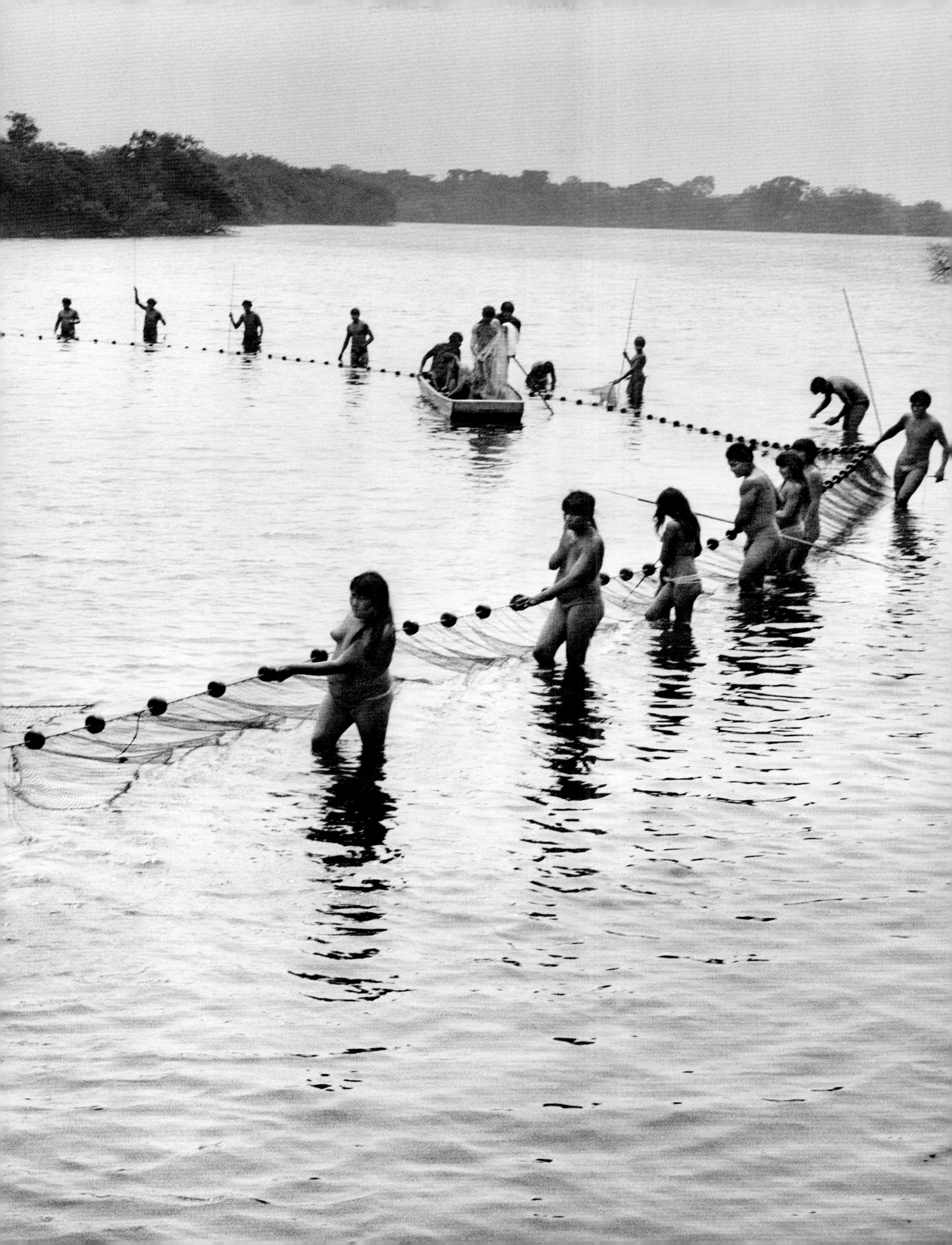

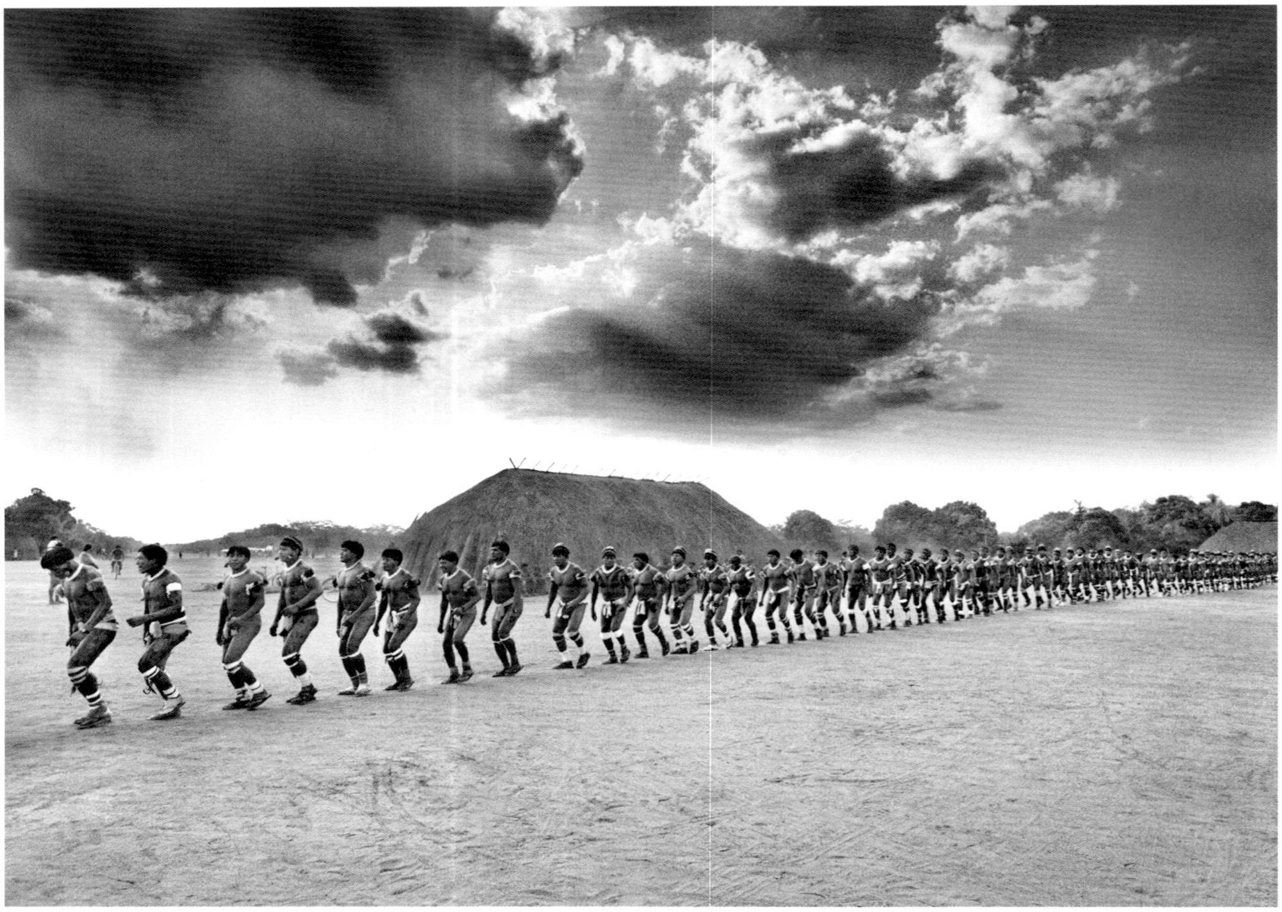

Krieger der Kuikuro defilieren am Kuarup-Fest auf dem zentralen Platz ihres Dorfes im indigenen Schutzgebiet Xingu. Die Feste Kuarup, Javari und Yamurikumã führen zu grossen Zusammenkünften, bei denen sich die Bewohner aus den verschiedenen indigenen Völkern zur Durchführung gemeinsamer Rituale treffen. Produkte wie die Keramik der Waurá, Pfeile und Bogen der Kamayurá, Halsketten aus Wasserschneckenhäusern der Kuikuro, das Salz der Awetí und Mehinako wechseln in Tauschritualen, genannt *moitarás*, am Ende der grossen Feste ihre Besitzer.

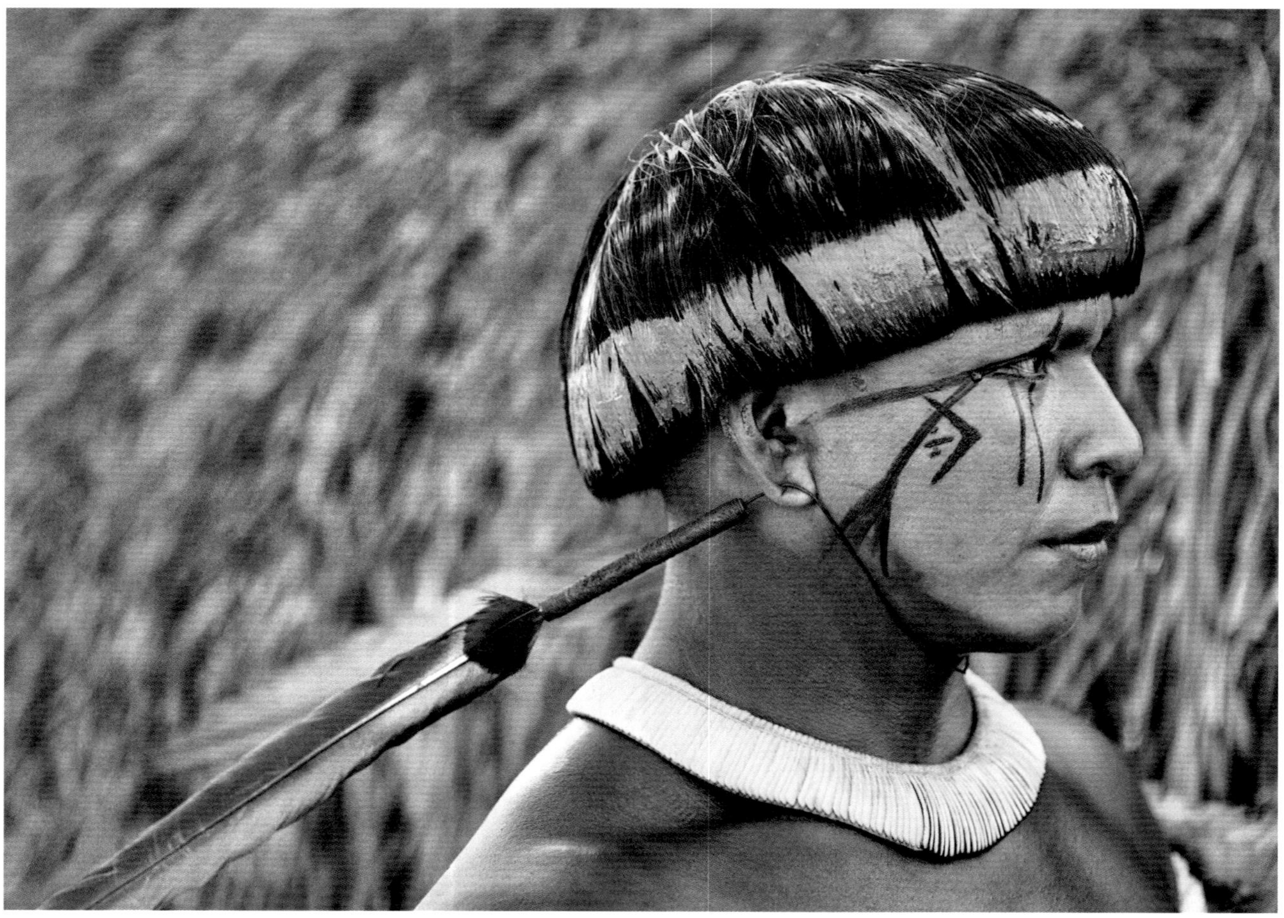

Yaukuma, ein junger Krieger der Waurá, mit der Bemalung für das Kuarup-Fest. Aus diesem Anlass trägt er zudem eine für die Region typische Halskette aus Schneckenhäusern und einen Ohrring mit Feder.

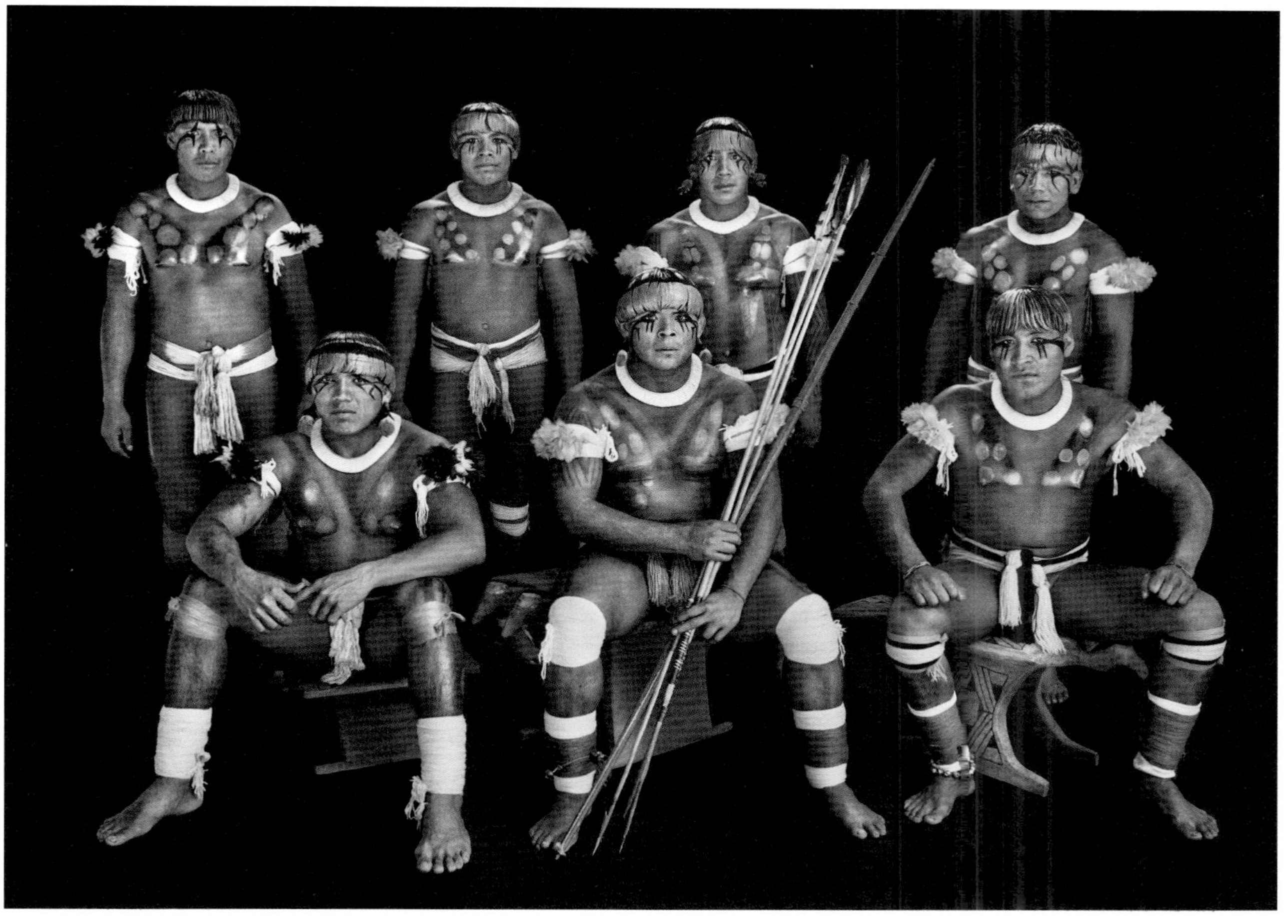

Kamayurá-Krieger. Von links, stehend: Tsaukumã, «Rafael», Makaulaka, Ayawá; sitzend: Ka'awã, Mayaru und Tsimô.

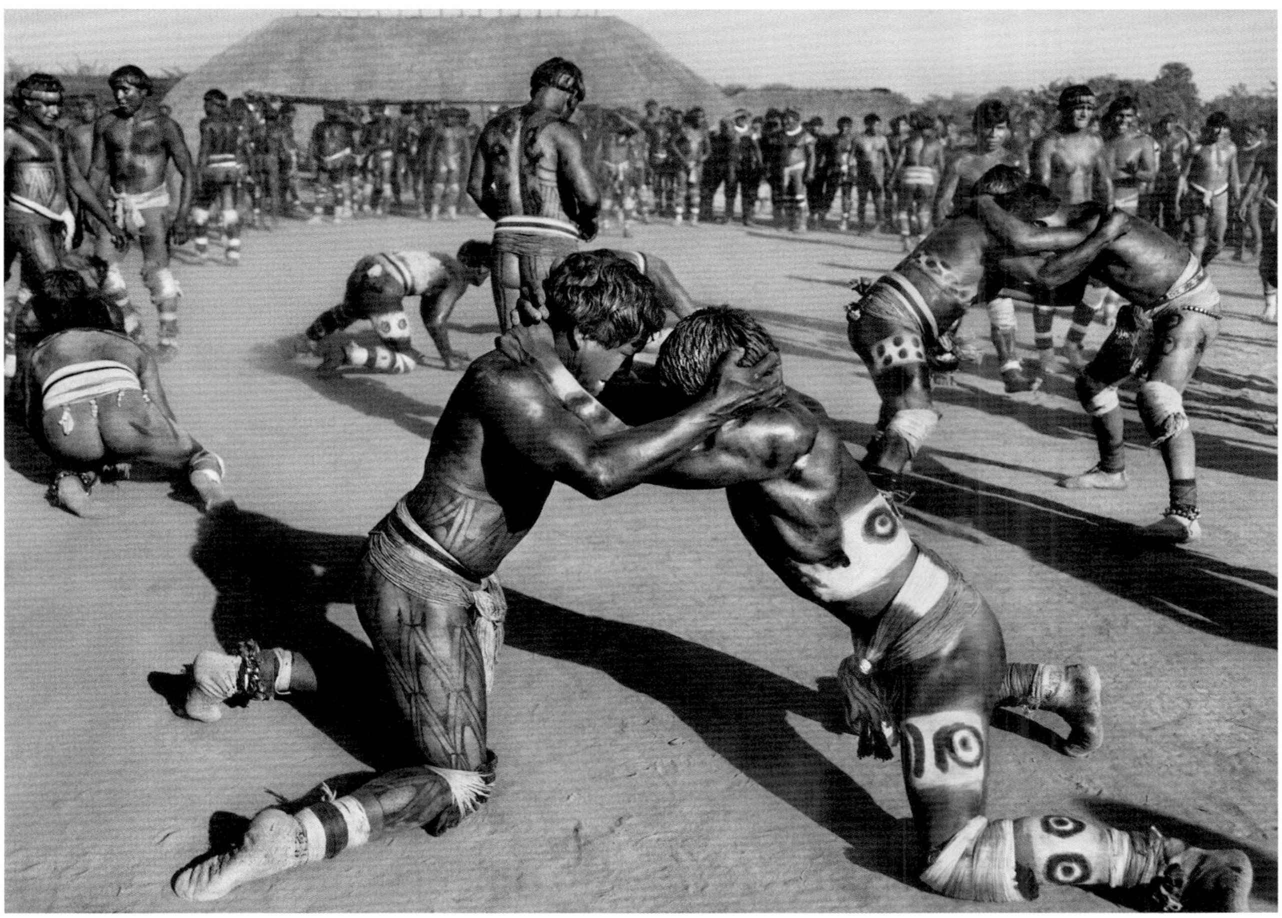

Kuarup-Fest im Dorf der Waurá: Im Huka-Huka-Kampf treten Krieger gegeneinander an. Während des Festes kämpfen Dorfgruppen gegen Besuchergruppen. Der Krieger, der den Gegner hinten am Bein berührt oder, besser noch, ihn zu Boden wirft, gewinnt den Kampf.

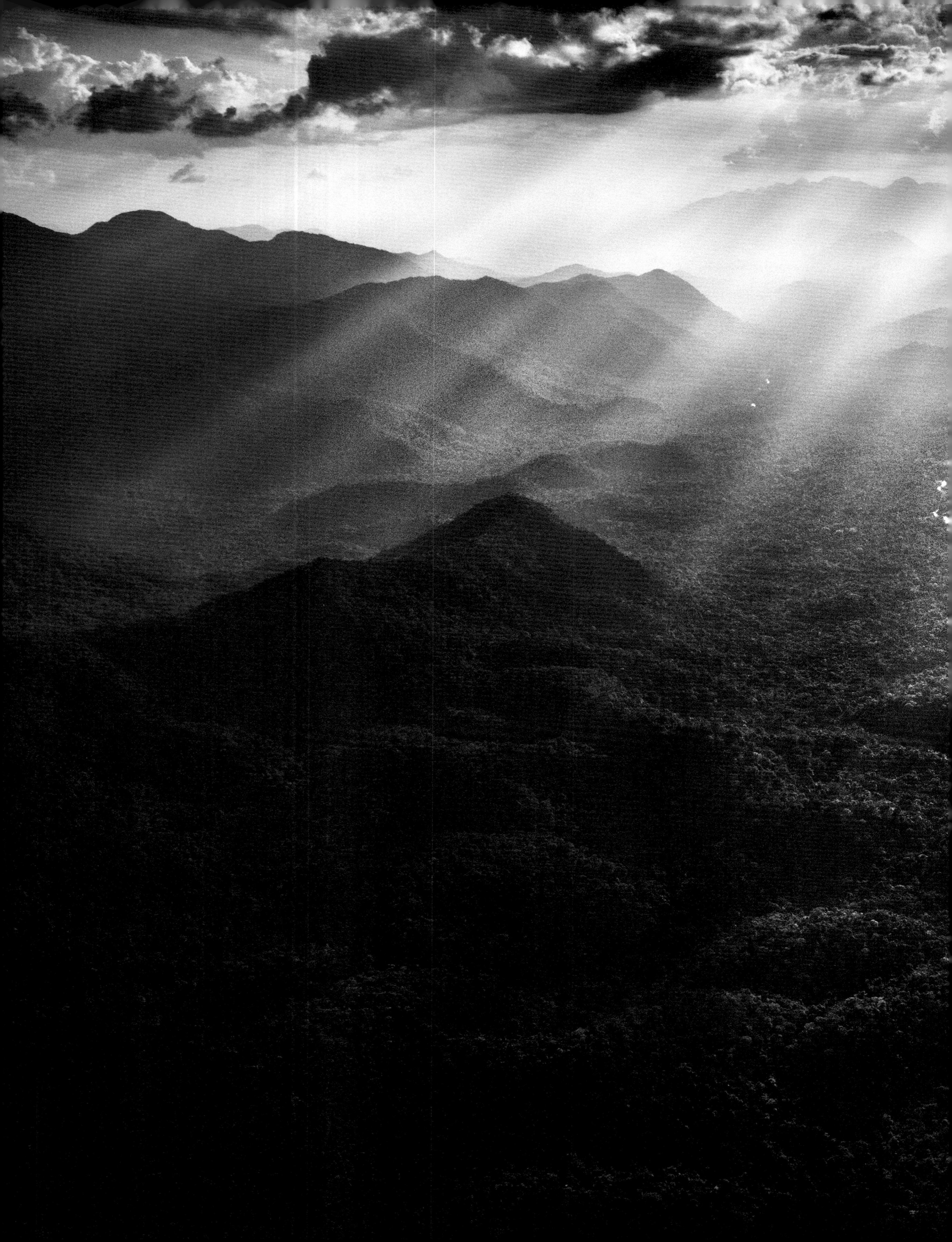

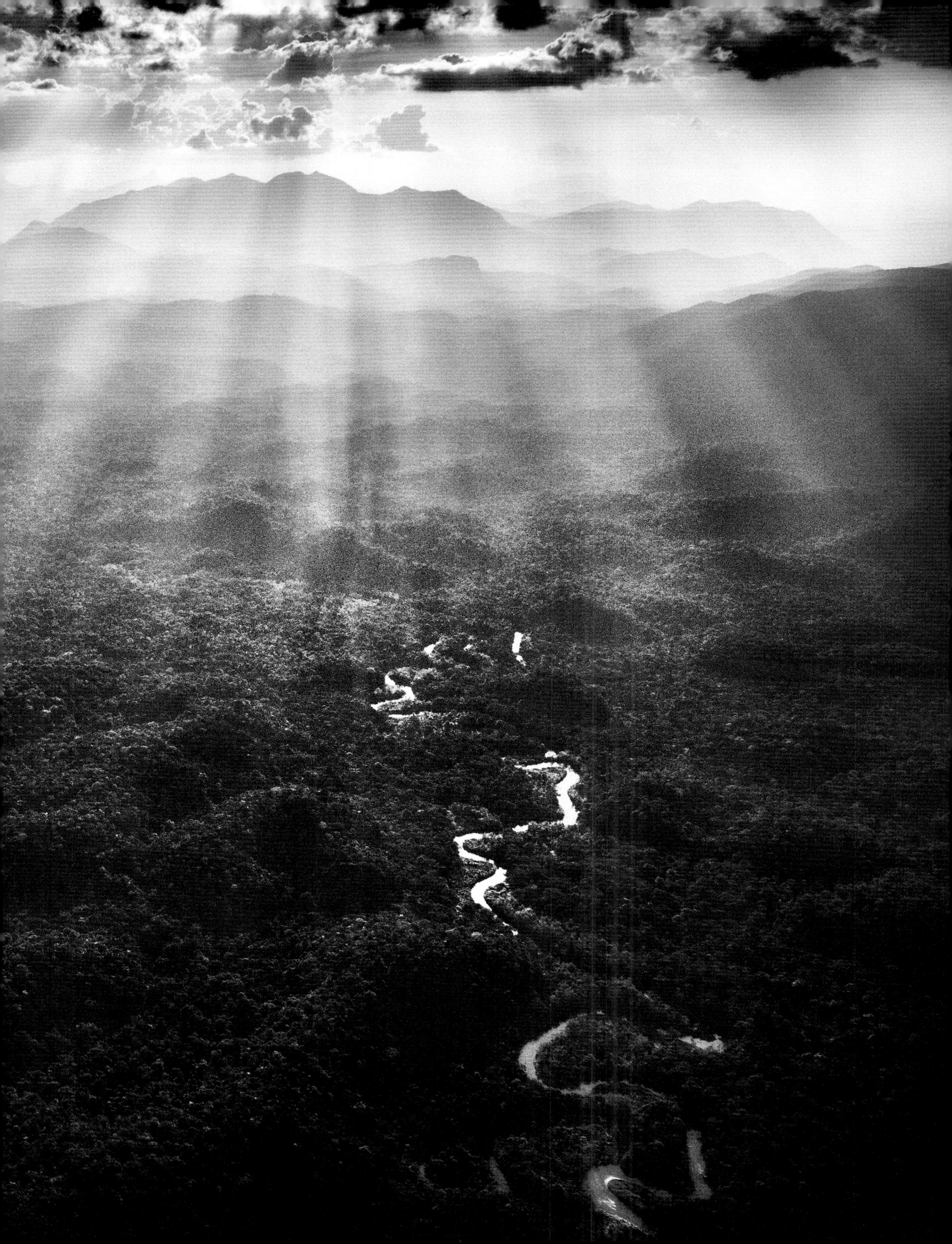

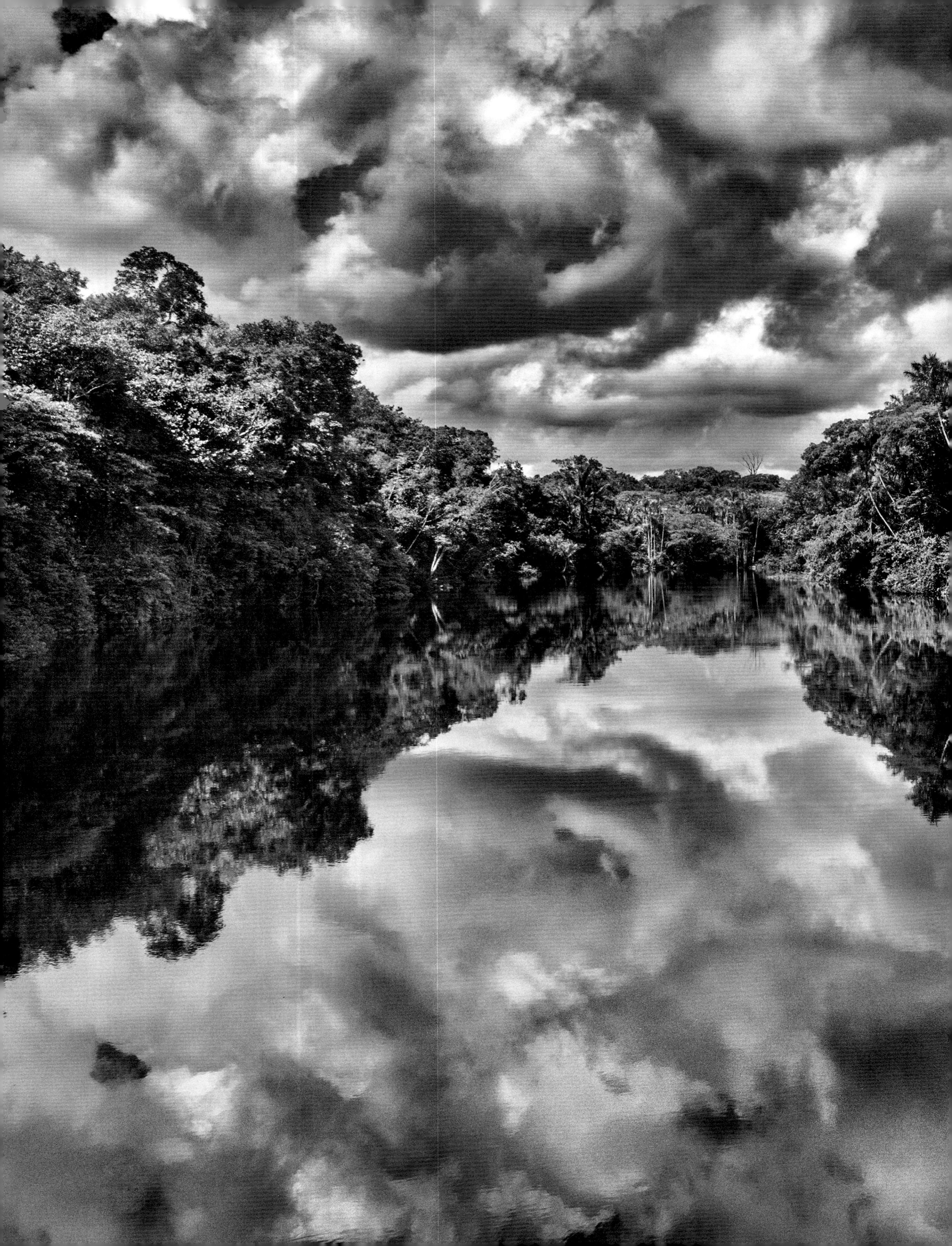

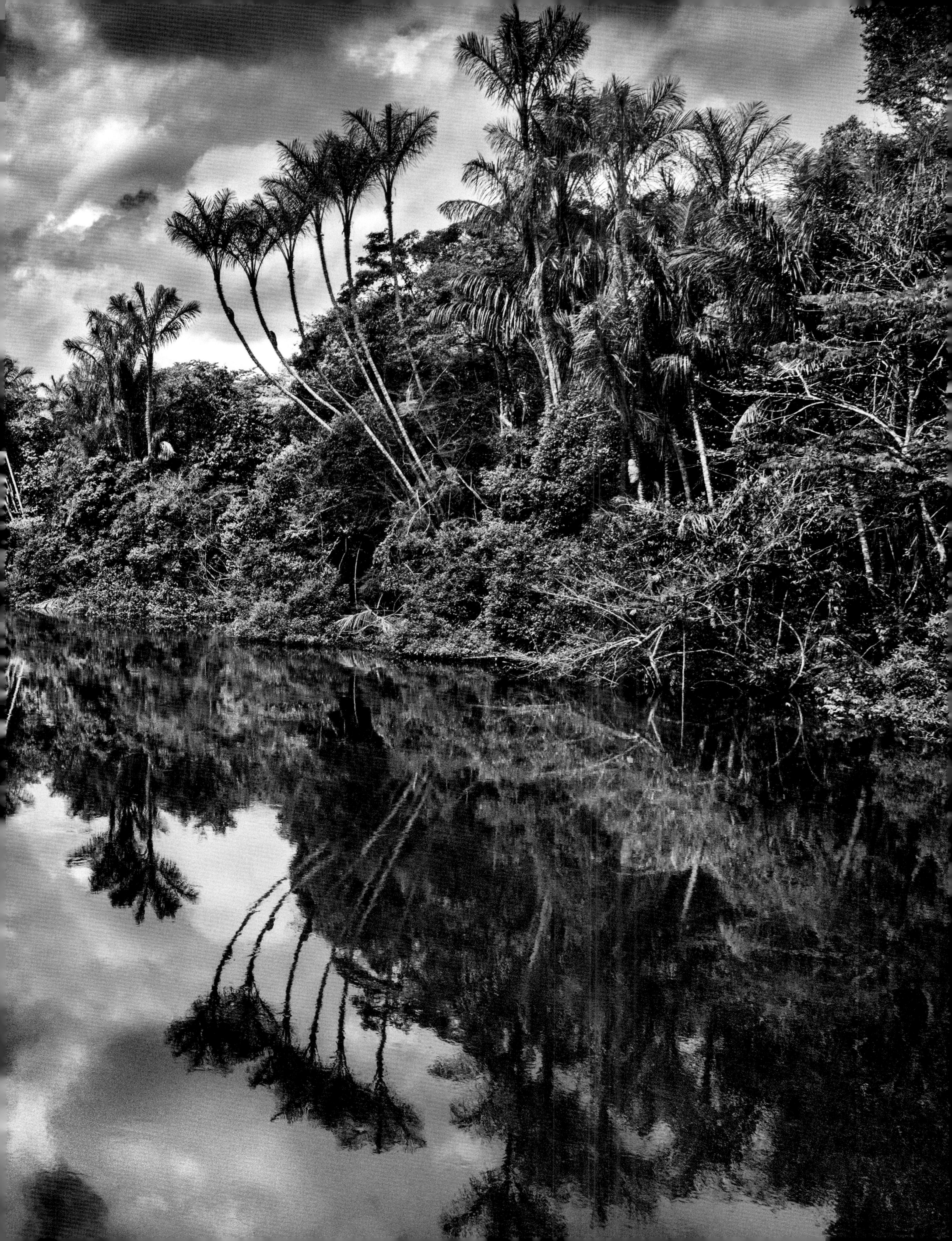

An der letzten Grenze

In den letzten Jahrzehnten unternahm Sebastião Salgado zahlreiche Reisen in den Amazonas-Regenwald. Er traf dort auf Völker, die ihn zutiefst beeindruckten. Die Indigenen leben so anders als er und wir, mit eigenen Ritualen und besonderem Verhältnis zur Welt. Und dann sind sie uns wieder sehr ähnlich. Von einigen dieser Begegnungen erzählt er hier.

Text und Bilder **SEBASTIÃO SALGADO**

Als ich Mitte der 1980er-Jahre zum ersten Mal ein indigenes Volk im Amazonasgebiet besuchte, hatte ich Angst, Menschen zu begegnen, deren Leben sich so radikal von meinem eigenen unterscheidet. Die Männer, Frauen und Familien, deren Vorfahren diese Wälder seit Jahrtausenden bewohnten, wurden damals immer noch als «Primitive» behandelt.

Wie würden sie mich empfangen? Wie würde ich auf sie reagieren? Wie würde ich mich in Gegenwart von Menschen verhalten, die so anders sind?

Meine frühe Erfahrung im Zusammenleben mit den Yanomami, einer der grössten ethnischen Gruppen in Brasilien, war so stark, dass sie meine Beziehung zu den Indigenen des Amazonasgebietes für immer geprägt hat. Als ich in einem abgelegenen Dorf im nördlichen Bundesstaat Roraima vom Rest der Welt abgeschnitten war, habe ich sehr schnell verstanden, dass die Yanomami gar nicht so anders waren als ich. Nach nur wenigen Stunden in ihrer Gesellschaft begann ich mich zu entspannen und akzeptiert zu fühlen. Die Emotionen, die wir teilten – zu lieben, zu lachen, zu weinen, glücklich oder wütend zu sein –, waren unsere gemeinsame Sprache. Ich fühlte mich wie zu Hause – wie in meinem eigenen Stamm, im Stamm aller Menschen, in dem unzählige Systeme von Logik und Vernunft mit meinem ureigenen verwoben sind.

Seither, insbesondere im letzten Jahrzehnt, habe ich viel Zeit im Amazonasgebiet verbracht. Ich habe seine Flüsse bereist und seine dichten Dschungelgebiete und Gebirgsketten überflogen. Vor allem habe ich unter den Menschen gelebt, die in winzigen Gemeinschaften über den grössten tropischen Regenwald der Welt verstreut existieren. Und ich kann ohne jeden Zweifel behaupten, dass mir selbst nach einem Berufsleben voller aussergewöhnlicher Erfahrungen nichts eine grössere Freude bereitet hat als die Arbeit mit dem Dutzend indigener Völker, die in meinen Bildern porträtiert werden. Durch sie und dank ihnen habe ich mich mit meiner eigenen Vorgeschichte verbunden und ein Leben wiederentdeckt, das wir vor Tausenden von Jahren geführt haben.

Die indigenen Völker Amerikas sind Nachkommen der Einwanderer, die während der letzten Eiszeit vor etwa 20 000 Jahren von Asien aus die Beringstrasse überquerten. Mit der Ankunft der europäischen Konquistadoren und Kolonisatoren im 16. Jahrhundert wurde ihre Zahl durch die von diesen Fremden eingeschleppten Krankheiten und durch gegen sie geführte Kriege dezimiert. Die Vermischung hat schleichend die Identität einer Mehrheit von ihnen verändert.

Indigene Frauen haben in besonderem Masse zur Entstehung des brasilianischen Volkes beigetragen. Nachdem im Jahr 1500 die ersten Portugiesen in Brasilien gelandet waren, folgten ihnen bald Hunderttausende weiterer Männer. Erst 55 Jahre später landeten die ersten fünf portugiesischen Frauen. Die sie begleitenden Jesuiten-Missionare stiessen hier auf Hunderttausende von Kindern von Portugiesen und indigenen Frauen, was zu dem Vorwurf führte, die portugiesischen Männer hätten in Promiskuität gelebt. Aber für die Indigenen, die im Amazonasgebiet lebten und deren Bevölkerung ebenfalls stark zurückgegangen war, sahen die Dinge anders aus. Dank der Undurchdringlichkeit des Dschungels konnten sie jahrhundertelang ihre traditionelle Lebensweise bewahren. Jetzt sind auch sie ernsthaft bedroht. Ein Ziel meines fotografischen Projekts ist es, festzuhalten, was geblieben ist, bevor noch mehr davon für immer verschwindet.

Das Amazonasgebiet erstreckt sich über neun südamerikanische Länder, wobei mehr als 60 Prozent des Regenwaldes in Brasilien liegen. Die Bevölkerung dieser Region wurde im Jahr 1500, als portugiesische Seefahrer in Brasilien landeten, auf etwa fünf Millionen geschätzt. Heute leben in einem Gebiet, das mehr als achtmal so

Seiten 32/33: Der Imeri-Gebirgszug in der Region São Gabriel da Cachoeira im indigenen Schutzgebiet der Yanomami im Bundesstaat Amazonas.

Seiten 34/35: Landschaft mit einem Igapó oder Überschwemmungswald voller Jauari-Palmen am Ufer des Jaú im Jaú-Nationalpark im Bundesstaat Amazonas.

gross ist wie Frankreich, nur noch 370 000 Indigene. Sie gehören 188 Völkern an und sprechen rund 150 verschiedene Sprachen. Weitere 114 Völker wurden identifiziert, aber bislang nicht kontaktiert.

Bereits im 17. Jahrhundert entstanden entlang des Amazonas und seiner wichtigsten Nebenflüsse Städte und Gemeinden. Doch Mitte des 20. Jahrhunderts begann mit der Öffnung des riesigen, wenig entwickelten und dünn besiedelten Landesinneren Brasiliens ein bedrohliches neues Kapitel im Überlebenskampf der indigenen Völker. Die Migration aus dem Süden Brasiliens führte zur Abholzung von Teilen des Amazonasgebietes, um Platz für Viehzucht und Sojaanbau zu schaffen. Neue Strassen und schiffbare Flüsse begünstigten die Migration und erleichterten Holzfällerfirmen und Goldsuchern den Zugang. All diese Auswärtigen, zu denen auch religiöse Gruppen gehörten, die abgelegene indigene Völker evangelisieren wollten, brachten Grippe, Masern, Malaria mit, die zum Tod Tausender Einheimischer führten.

Absichtlich gelegte Waldbrände sind im Amazonasgebiet nichts Neues, haben sich aber so drastisch vervielfacht, dass sie aufgrund ihres unbestrittenen Einflusses auf den Klimawandel inzwischen weit über Brasilien hinaus Aufmerksamkeit erregen. Oft als Lunge der Welt bezeichnet, hat der Regenwald nach und nach seine Fähigkeit verloren, riesige Mengen an Kohlendioxid zu absorbieren. Stattdessen haben die Waldbrände mit Millionen von brennenden Bäumen die globale CO_2-Konzentration erhöht und eine gewaltige «Kohlenstoffbombe» geschaffen. Der Amazonas-Regenwald ist der einzige Ort auf der Erde, an dem die Luftfeuchtigkeit nicht von der Verdunstung des Meerwassers abhängt. Dank seiner Grösse und einer intensiven Feuchtigkeitskonzentration verfügt er über einen eigenen Verdunstungsprozess, bei dem jeder einzelne Baum als Belüfter fungiert und täglich Hunderte von Litern Wasser in die Atmosphäre abgibt. Dank seiner Milliarden von Bäumen bildet diese Vegetationsdecke Luftströme, die mehr Wasser transportieren als der Fluss Amazonas. Die Auswirkungen dieser Tatsache auf die globalen Klimabedingungen sind immens. Bereits zwanzig Prozent der Biomasse des Amazonasgebietes sind verloren. Deshalb wird jede weitere Störung des ökologischen Gleichgewichts drastische Auswirkungen weit über die Grenzen Lateinamerikas hinaus haben. Und dennoch ist vielen Brasilianern immer noch nicht bewusst, dass der Schutz des Amazonas auch ihrem eigenen Interesse dient. Es scheint, als könnten sie ebenso wenig wie die Argentinier begreifen, dass ihr immenser landwirtschaftlicher Reichtum direkt vom Regen abhängt, der über dem Amazonasgebiet fällt.

Was hat mich also zurück ins Amazonasgebiet geführt? Sicherlich nicht seine dunkle Seite – nicht die Brände oder die Abholzung, die Vergiftung der Flüsse durch Goldgräber oder Drogenhandel und Waffenschmuggel, die in dieser Region florieren. Es ging mir vielmehr darum, die unvergleichliche Schönheit dieser riesigen Region noch einmal zu geniessen. Für mich ist dies die allerletzte Grenze, ein eigenes, geheimnisvolles Universum, in dem die ungeheure Kraft der Natur wie an keinem anderen Ort auf der Erde zu spüren ist. Dieser Wald streckt sich bis ins Unendliche und beherbergt ein Zehntel aller lebenden Pflanzen und Tierarten – das grösste Naturlaboratorium der Welt.

Ausserdem ging es mir darum, meine Verbundenheit – ich könnte sogar sagen, meine Identität – mit den einheimischen Völkern zu erneuern, die sich so gewissenhaft um den Wald kümmern. Dies wird sogar von der 1985 nach dem Ende der brasilianischen Militärdiktatur verabschiedeten Verfassung anerkannt. 26 Prozent des Amazonasgebietes – etwa 13 Prozent des gesamten brasilianischen Territoriums – sind seitdem für die ausschliessliche Nutzung durch die Ureinwohner Brasiliens reserviert.

Die Ergebnisse sind ermutigend: Laut Satellitenbildern gab es im Gegensatz zu den Schäden an privatem Grundbesitz, Nationalparks und staatlichem Eigentum in dieser Region fast keine Brände oder Abholzungen innerhalb der Reservate. Die meisten indigenen Völker haben den Regenwald ohne weitere Hilfe von aussen geschützt und erhalten.

In den vergangenen sechzig Jahren lag die Verantwortung für indigene Angelegenheiten in den Händen der Fundação Nacional do Índio (Funai), die eine entscheidende Rolle bei der Identifizierung, Untersuchung, Unterstützung und dem Schutz der indigenen Völker Brasiliens spielt. Es ist schockierend, dass die gegenwärtige Regierung in Brasília alles unternimmt, um diese Institution zu schwächen. Sie ignoriert den Fakt, dass die Spezialisten, die mit der Bevölkerung Amazoniens zusammenarbeiten, Anthropologen, Ethnologen, Linguisten, Ärzte und viele andere Experten, die mit der Stiftung verbunden sind, eine der wichtigsten Quellen des Wissens über alte Völker in der Welt darstellen.

Die Funai hat mir bei meiner Arbeit enorm geholfen. Ohne ihre Erlaubnis sowie die Unterstützung und die Beratung durch ihre engagierten Mitarbeiterteams hätte ich niemals Zugang zu den indigenen Völkern des Amazonas gefunden. Gewöhnlich begannen meine Reisen in den Büros der Funai in Brasília. Dort wählten wir gemeinsam die ethnischen Gruppen aus, die ich besuchen konnte. Jedes Mal koordinierte ich meine Reisen mit Funai-Vertretern vor Ort im Regenwald, die für die Sicherheit der nahe gelegenen indigenen Völker verantwortlich waren. Bevor ich meinen Besuch bei einer bestimmten Gruppe plante, kontaktierte einer von ihnen das jeweilige Dorf und erkundigte sich, ob man überhaupt bereit sei, einen Auswärtigen, in meinem Fall einen Fotografen, zu empfangen.

Die Organisation jeder Reise war höchst komplex. Dabei war ich nie allein. Meine Frau und Partnerin Lélia Wanick Salgado hat mich auf mehreren Fahrten begleitet. Ausserdem war Jacques Barthélemy oft dabei, ein erfahrener französischer Bergführer, mit dem ich

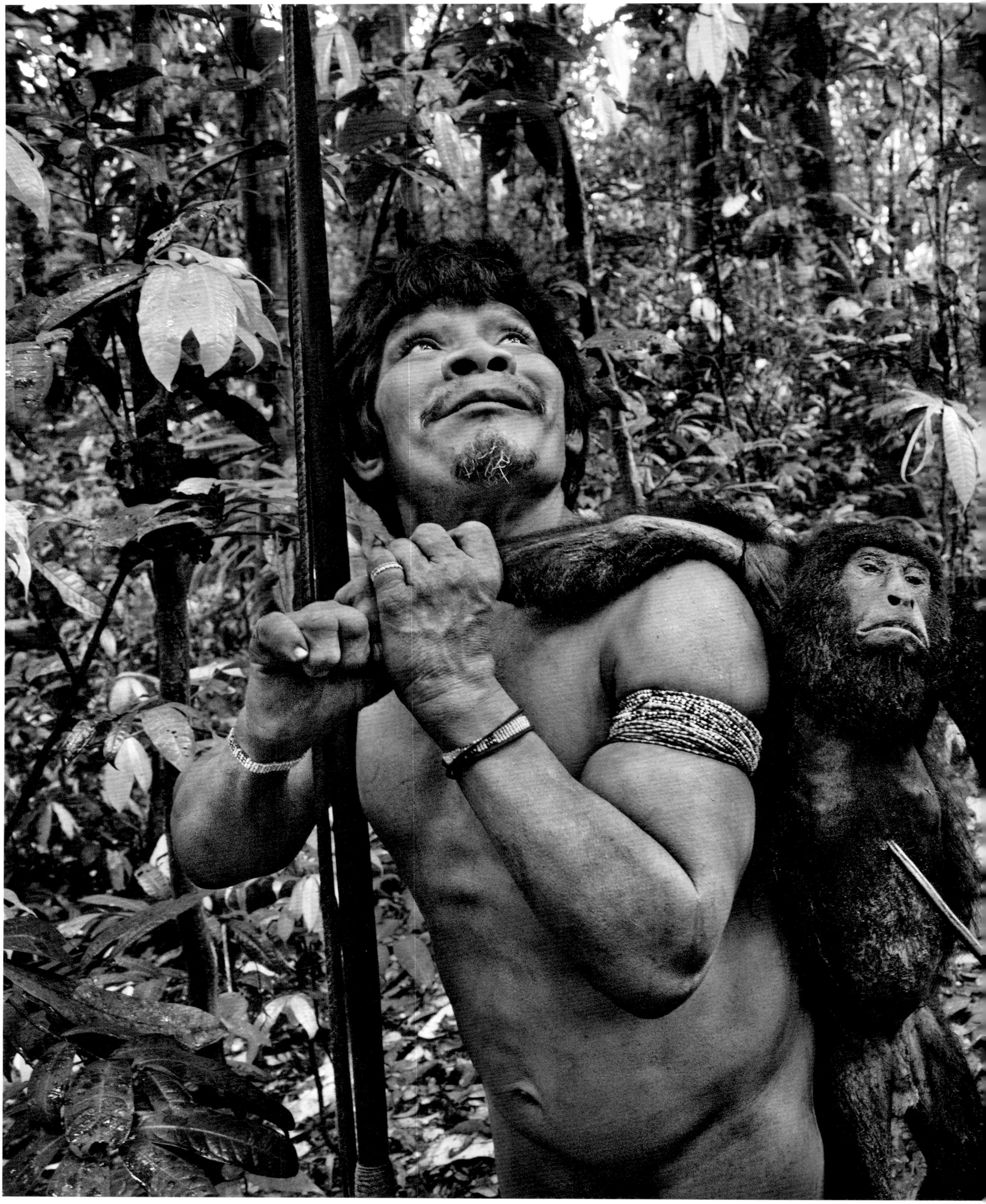

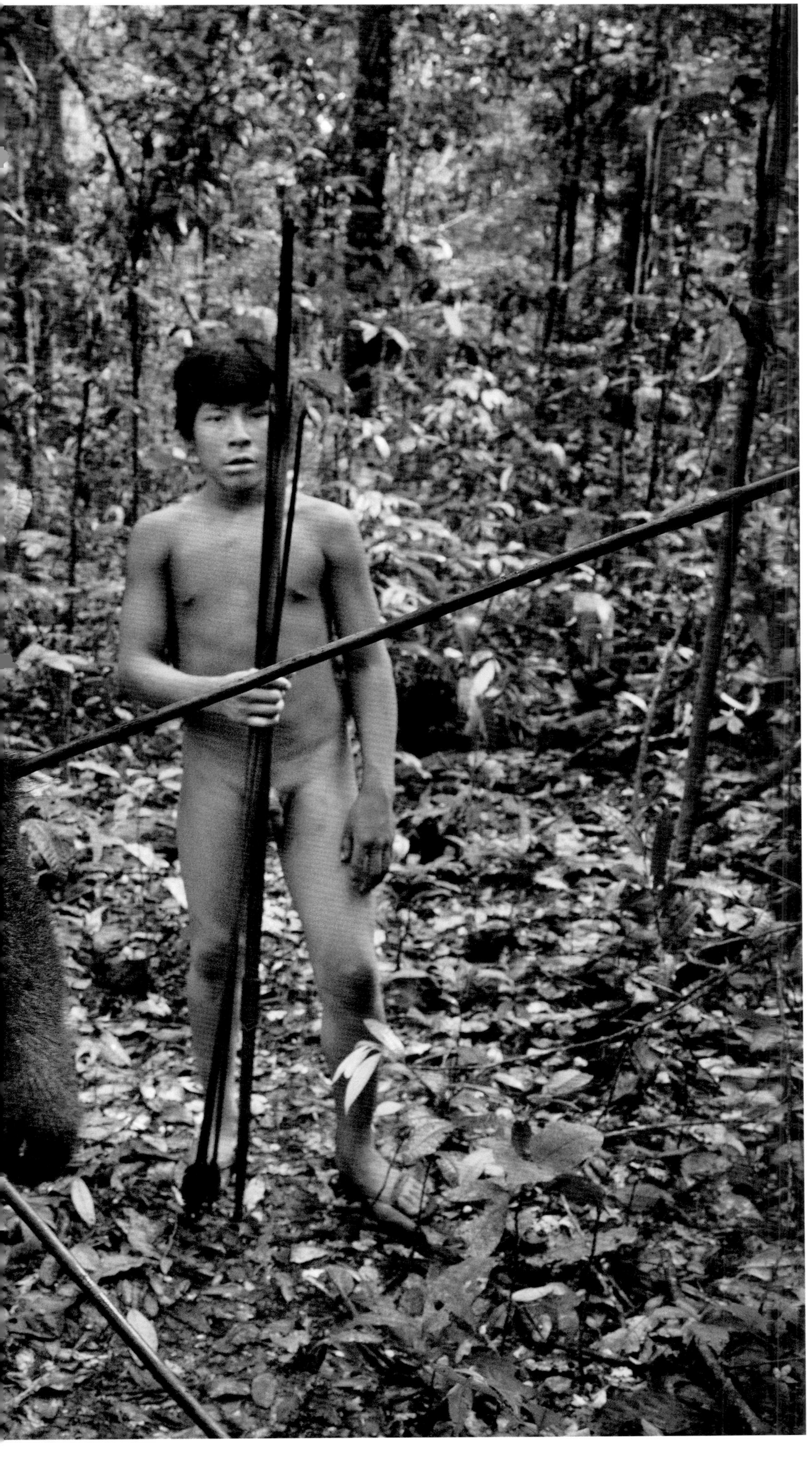

Typaramatxia Awá (vorn) und Kirpytan (hinten) vom Volk der Awá-Guajá beim Jagen. Typaramatxia trägt einen Schwarzen Saki oder Satansaffen, den er mit dem Bogen erlegt hat. Affen gehören bei vielen indigenen Völkern des Amazonasgebietes zu den begehrtesten Fleischlieferanten. Da die Affen in den Baumkronen leben, müssen die Jäger auf über 30 Meter Höhe zu ihnen hinaufklettern und in prekärer Balance auf den Ästen vorrücken. Sie schütteln die kleineren Äste und imitieren die Schreie ihrer Beutetiere, die sie mit dem ersten Pfeil treffen müssen, sonst war die Mühe vergeblich. Manchmal klettert ein zweiter Jäger auf einen benachbarten Baum, um den Affen in die Enge zu treiben.

AWÁ-GUAJÁ

Die Awá-Guajá sind ein weitgehend isoliertes indigenes Volk. Sie leben in Maranhão, einem Bundesstaat, der in den letzten Jahrzehnten durch intensive illegale Rodungen ausgebeutet wurde. Die Awá-Guajá zählen ungefähr 450 Personen, von denen etwa 100 isoliert (in drei Dörfern) leben.

für mein Projekt *Genesis* um die ganze Welt gereist bin. Zu unserem Team gehörten ausserdem Anthropologen, die Verbindungen zu bestimmten indigenen Gruppen unterhielten, ein Koch, mindestens zwei Bootsführer und, was entscheidend war, ein oder zwei Waldspezialisten, die man in Brasilien als «Buschkapitäne» bezeichnet. Dank ihrer Verbindungen zur Funai sind diese Männer bestens mit den indigenen Gemeinschaften vertraut. Sie waren sowohl für unsere Logistik als auch die Kontakte zu den einzelnen Dörfern zuständig. Sie halfen mir bei der Vorbereitung meiner Arbeitsumgebung, etwa beim Aufbau unseres Lagers und Studios, sowie bei der Organisation meiner Dschungelausflüge, auf denen ich die Bewohner eines Dorfes auf ihren Jagd-, Angel- oder anderen Expeditionen begleitete. Über die Funai engagierte ich für jede Reise einen Übersetzer, in der Regel jemanden aus dem betreffenden Volk, der einige Zeit ausserhalb seiner Gemeinschaft verbracht und Portugiesisch gelernt hatte.

Die indigenen Völker, die ich im Lauf der Jahre fotografiert habe, unterscheiden sich erheblich voneinander. Einige leben in völliger Isolation und haben nur gelegentlich Kontakt zur Funai. Sie jagen mit Pfeil, Bogen und Blasrohren und leben zum grössten Teil nackt. Andere hatten in den letzten ein oder zwei Jahrzehnten mehr Kontakt mit der Aussenwelt und tragen heute Kleidung, die Männer meist kurze Hosen, und die Frauen bedecken ihre Brüste. Aber sie haben alle das gleiche, unbedingte Bestreben, an ihrer Kultur festzuhalten. Zur Aufrechterhaltung ihrer Tradition tragen sie alle zu zeremoniellen Anlässen Federkopfschmuck, bemalen ihre Gesichter und Körper, tanzen ihre traditionellen Tänze und tragen manchmal auch Ringkämpfe miteinander aus.

Es gibt eine ganze Reihe ethnischer Gruppen, die ich nie besucht habe. Viele bestehen aus so wenigen Mitgliedern – manchmal kaum hundert –, dass ihr Überleben zuweilen an ein Wunder grenzt. Auf dem Rio Negro flussaufwärts von der im Nordwesten gelegenen Stadt São Gabriel da Cachoeira im Bundesstaat Amazonas gelangt man zum Beispiel in ein Gebiet, das als Cabeça do Cachorro (Hundekopf) bekannt ist. Die Funai hat dort nicht weniger als vierzig verschiedene indigene Völker identifiziert, die noch nie kontaktiert wurden.

Die Zeremonien der Yanomami

Das Volk der Yanomami zählt etwa 40 000 Menschen, von denen ein Drittel jenseits der Grenze zu Venezuela lebt. Die Yanomami haben in meiner Arbeit eine wichtige Rolle gespielt. Als ich sie im Jahr 1986 das erste Mal besuchte, erhielt ich einen Vorgeschmack auf die Dramen, die mich im Amazonasgebiet erwarten sollten. Begleitet von zwei Wissenschaftlern, einem Brasilianer und einem Briten, startete ich in Boa Vista in einem einmotorigen Flugzeug. Wir hatten zweihundert Liter Benzin an Bord sowie einen Piloten, der die ganze Zeit Pfeife rauchte. Dabei vermischte sich der Rauch seines Tabaks auf bedrohliche Weise mit den Dämpfen, die in unserer winzigen Kabine aus den undichten Benzinkanistern aufstiegen. Wir landeten auf dem staubigen Rollfeld eines Ortes namens Surucucu, benannt nach einer der giftigsten Schlangenarten der Region. Von hier aus betraten wir dann den Wald, wo wir mehrere Wochen lang von Dorf zu Dorf zogen, um eine Krankheit zu identifizieren, die Onchozerkose. Italienische Salesianer, Gründer einer religiösen Gemeinschaft jenseits der Grenze in Venezuela, hatten die Krankheit aus Afrika eingeschleppt und die Yanomami infiziert. Und da eine Landesgrenze im Dschungel nicht mehr ist als eine imaginäre Linie, schleppten Einheimische die Krankheit ungehindert nach Brasilien ein.

Nach dieser ersten Reise habe ich noch viermal ziemlich weit voneinander entfernt lebende Yanomami-Gemeinschaften besucht. Sie sprechen verschiedene Sprachen, die auf denselben Sprachstamm zurückgehen. Treffen sich unterschiedliche Verbände, haben sie manchmal Schwierigkeiten, miteinander zu kommunizieren. Dass ein Clan über mehrere Dörfer verstreut sein kann, anstatt eine einzige grössere Gemeinschaft zu bilden, liegt in der Natur des Dschungellebens: Jedes Dorf muss die Versorgung mit Nahrungsmitteln in seiner Reichweite sorgfältig verwalten, insbesondere den Tier- und Fischfang. Zu viele Münder können die lokalen Ressourcen erschöpfen. Mit anderen Worten: Man entscheidet sich praktischerweise dafür, in der Nähe seiner jeweiligen «Vorratskammer» zu leben. Wie viele andere Völker auch ergänzen die Yanomami ihre Ernährung durch Maniok- und Maisanbau sowie Nüsse, Früchte und wilden Honig. Schamanen verwenden halluzinogene Pflanzen, um böse Geister zu vertreiben. Mitte der 1980er-Jahre drangen 40 000 Goldgräber in das Gebiet der Yanomami ein. Ein grosser Teil der Yanomami starb in der Folge an eingeschleppten Krankheiten oder wurde ermordet. Danach änderten die Überlebenden ihre traditionelle Lebensweise, indem sie seitdem zum Beispiel ihre Körper bedecken. Aber es gibt immer noch einige Yanomami-Gruppen, die bis heute unkontaktiert bleiben.

Im Jahr 2014 nahm ich in der Region Demini an einer Begräbniszeremonie für einen jungen Yanomami teil, der ein Jahr zuvor bei einem Jagdunfall ums Leben gekommen war. Die Zeremonie, die Monate der Planung in Anspruch nahm, brachte das Dorf in Kontakt mit Angehörigen anderer ethnischer Gruppen, die zum Teil neunzig Kilometer entfernt lebten. Im Zuge der Zusammenkunft vervierfachte sich die Bevölkerung von Demini für eine gewisse Zeit. In den folgenden zwei Wochen schliefen etwa fünfhundert Menschen im traditionellen Rundhaus in Watoriki, nahmen an rituellen Tänzen teil, feierten ein Festmahl aus geräucherten Affen, tranken einen fermentierten Fruchtsaft, bekannt als *pupunha*, und atmeten ein halluzinogenes Pulver namens *yâkoana* ein, das lokale Schamanen durch eine Pfeife in die Nasenlöcher der Männer bliesen. Ich verbrachte zwei Wochen damit, diese Zeremonie zu beobachten.

Besonders beeindruckt war ich von den Waymou-Dialogen, die selbst für erfahrene Sprachwissenschaftler nahezu unverständlich sind. Bei diesem Ritual empfängt ein einheimischer Ältester einen Besucher des Festes, sie kauern sich von Angesicht zu Angesicht zusammen und führen dabei einen schnellen Dialog. Der Besucher erzählt von seinen Abenteuern, insbesondere von seiner mehrtägigen Reise nach Demini, während sein Gastgeber ihm Informationen über sein eigenes Dorf anbietet, und zwar in tausend Jahre alten Worten, Worten, die an die ersten Sprachen erinnern, die in den Hochebenen des Parima-Gebirges gesprochen wurden. Ich war tief bewegt, als ich Zeuge dieses Austausches wurde.

Von dort aus flog ich in den äussersten Westen des Bundesstaates Amazonas, nach Maturacá, einem Dorf, das einst durch eine Invasion von Goldgräbern verschandelt worden war. Das gemeinschaftliche Rundhaus wurde durch individuelle Hütten ersetzt, und die meisten Männer trugen Hosen und Stiefel. Mein dortiges Ziel war die Besteigung des Berges Pico da Neblina (Nebelberg, *Yaripo* auf Yanomami), eines Teils der Imeri-Gebirgskette und mit 2994 Metern der höchste Punkt Brasiliens. Er ist auch Heimat der wichtigsten Yanomami-Gottheiten: Moxuhemayoma, der Geist des Windes, und Yoyoma, die Quelle aller Stürme.

Bevor wir uns in Begleitung von 22 Dorfbewohnern und den zwei wichtigsten Yanomami-Schamanen, beides erfahrene Bergsteiger, zum Aufstieg begaben, bat einer von ihnen die Geister um mildes Wetter – er wurde nur teilweise erhört. Vier Tage lang kletterten wir rutschige Hänge hinauf, bevor wir ein kleines Plateau erreichten. Nur neun von uns schafften es bis zum Gipfel. Die Expedition dauerte fünfzehn Tage, wobei es unaufhörlich regnete. In unserem Lager unterhalb des Gipfels wurden unsere Zelte zweimal von Yoyoma weggeweht.

Eine Knieverletzung und lange Reisen

Ein weiteres grosses Volk im Amazonasgebiet sind die Asháninka. Man nimmt an, dass es etwa 100 000 Menschen sind, die grösstenteils im benachbarten Peru leben und nur 3000 in Brasiliens Bundesstaat Acre. Die Asháninka sind in zwei Gemeinschaften aufgeteilt, die an den Flüssen Envira und Amônea beheimatet sind. Ich besuchte eine dieser Gruppen im Dorf Apiwtxa am Ufer des Flusses Amônea. Ihre Geschichte vermischt sich mit der Geschichte der Inkas. Jahrhunderte zuvor hatten sie gemeinsam versucht, den Regenwald zu schützen, bis die spanischen Invasoren sie schliesslich zwangen, das peruanische Hochland zu verlassen. Ende des 19. und Anfang des 20. Jahrhunderts wurde ihre neue brasilianische Heimat von Gummizapfern, später von Holzfällern und Viehzüchtern überfallen. Erst im Jahr 1992 erkannte die brasilianische Regierung das traditionelle Gebiet der Asháninka als deren eigenes an. Heute dreht sich ihr Leben um Wiederaufforstung, Fischzucht, den Anbau von Heilpflanzen und die Entwicklung ihres traditionellen Handwerks. Die Frauen weben ihre eigenen Baumwollkleider, während die Männer von Federn gekrönte, runde Strohhüte tragen. Indem sie ihre Gesichter mit natürlichen Extrakten bemalen, erzeugen sie aussergewöhnlich zarte, fast abstrakte Muster. Die Asháninka sind ein elegantes Volk mit auffallend schönen Frauen, das geprägt ist durch Jahrhunderte des Widerstands und des Leidens. An diese Reise erinnere ich mich noch aus einem ganz besonderen Grund. Während ich einige Asháninka durch den Dschungel begleitete, sprang ich über einen Bach, rutschte bei der Landung aus und riss mir den Meniskus des rechten Knies. Mein Bein schwoll sofort an, und ich war nicht mehr in der Lage, weiterzugehen. Da ich mit einem grossen Team unterwegs war, ergab es keinen Sinn, hier abzubrechen. Also beschloss ich, mich möglichst wenig zu bewegen und mich auf Studioaufnahmen zu konzentrieren. Während meiner Besuche in indigenen Dörfern hatte ich immer einen grossen Sack mit einem dicken Stück Stoff oder Leinwand – etwa sechs mal neun Meter – dabei, den ich als Hintergrund für Porträtsitzungen verwendete. Zusammen mit meinen Assistenten richtete ich also unter den Bäumen ein Atelier ein. Ich schützte das Tuch vor der Feuchtigkeit des Bodens, indem ich eine Plane von sieben mal zehn Metern ausbreitete; sobald sich der Himmel wieder für einen der regelmässigen Regengüsse öffnete, konnten wir das Tuch schnell aufrollen und mit dieser Plane abdecken.

Indem ich die Einheimischen auf diese Weise vom üppigen Wildwuchs des Regenwaldes isolierte, konnte ich in den Porträts ihre Schönheit und einzigartige Eleganz hervorheben. Manchmal «kleideten» sie sich extra für den Anlass, auch wenn dies bedeutete, ihre Körper zu bemalen, gefiederte Kopfbedeckungen zu tragen, einen Affen zu halten oder eine Waffe zu tragen.

Oft spielt sich ein Grossteil des Lebens einer indigenen Gemeinschaft in der Nähe von Fischerei- oder Jagdlagern ab, weitab ihrer Heimatdörfer. Wenn sie dann zurückkehrten, um sich zu entspannen, richtete ich schnell mein Studio ein und wartete darauf, dass jemand auf diese besondere Weise fotografiert werden wollte.

Zurück in Paris wurde ich am Knie operiert. Nach einer angemessenen Ruhe- und Erholungszeit brach ich im Glauben, geheilt zu sein, zu meiner nächsten Reise auf, diesmal in einen anderen Teil von Acre, zum Volk der Yawanawá. Doch mein Knie schwoll erneut an, sodass ich wieder gezwungen war, auf «Studioporträts» zu setzen. Nach meiner nächsten Rückkehr unterzog ich mich in Paris einer zweiten Knieoperation, wobei mir diesmal eine Prothese implantiert wurde.

Die Geschichte der Yawanawá ist aussergewöhnlich. Vor einem Jahrhundert wurden ihre Vorfahren von den Gummizapfern, die in die Gegend eingedrungen waren, praktisch wie Sklaven gehalten. Am anderen Ufer des Flusses Gregório, gegenüber einem der Hauptdörfer der Yawanawá, lag eine richtige Stadt mit mehr als 3000 weissen Einwohnern. Als der Kautschukboom schliesslich endete, wurden sie vertrieben oder flohen, und die Yawanawá erlangten die Kontrolle über ihr traditionelles Territorium zurück. Was folgte, war wahrhaft heldenhaft. In den 1960er-Jahren gehörten zum Stamm nur noch 120 Personen. Viele von ihnen waren dem Alkohol verfallen. Das Volk

KORUBO

Die Korubo werden als «neu kontaktiert» eingestuft und unterhalten kaum Beziehungen zu Weissen. Heute zählen sie etwa 120 Personen, die in zwei Dörfern am Ufer des Ituí im indigenen Schutzgebiet Vale do Javari im westlichen Amazonasgebiet nahe der Grenze zu Peru leben. Mindestens eine weitere Gruppe hält sich immer noch im Wald ohne Kontakt zur übrigen Welt auf. Sie leben traditionell, sprechen nur wenig Portugiesisch und sind immer noch sehr anfällig für die von Weissen verbreiteten Krankheiten. Aus diesem Grund wird deren Anwesenheit in ihrer Gemeinschaft vermieden. Auch haben die Korubo wenig Kontakt zu anderen Völkern, und ihre traditionelle Kultur ist fast vollständig intakt. Abgesehen von den Annatto-Malereien, dem eigentümlich geschnittenen Haar und den zwei Armbinden, tragen sie nur wenig Schmuck. Seit den 1970er-Jahren sind die Korubo sowohl bei Indigenen als auch bei allen anderen Bewohnern des Vale do Javari so berühmt wie gefürchtet, da sie ihre Gegner mit grossen Knüppeln angreifen.

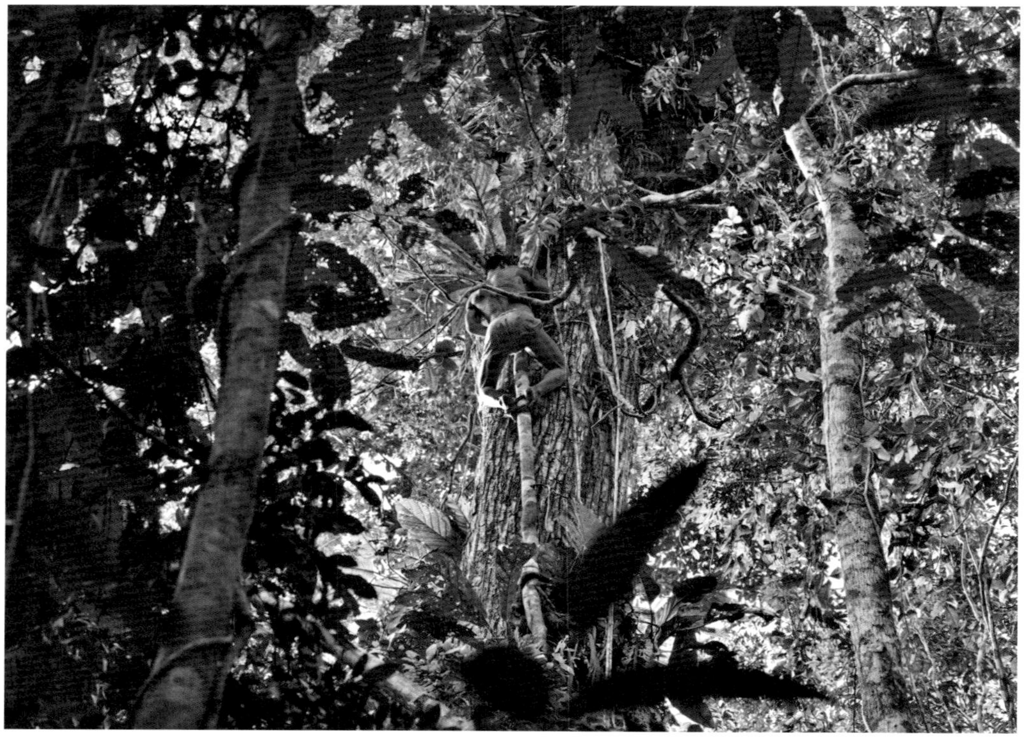

Pinu Vakwë Korubo klettert auf einen 40 bis 50 Meter hohen Baum, um dessen Früchte zu ernten. Es ist ein Massaranduba, dessen Frucht die Korubo *kose* nennen.

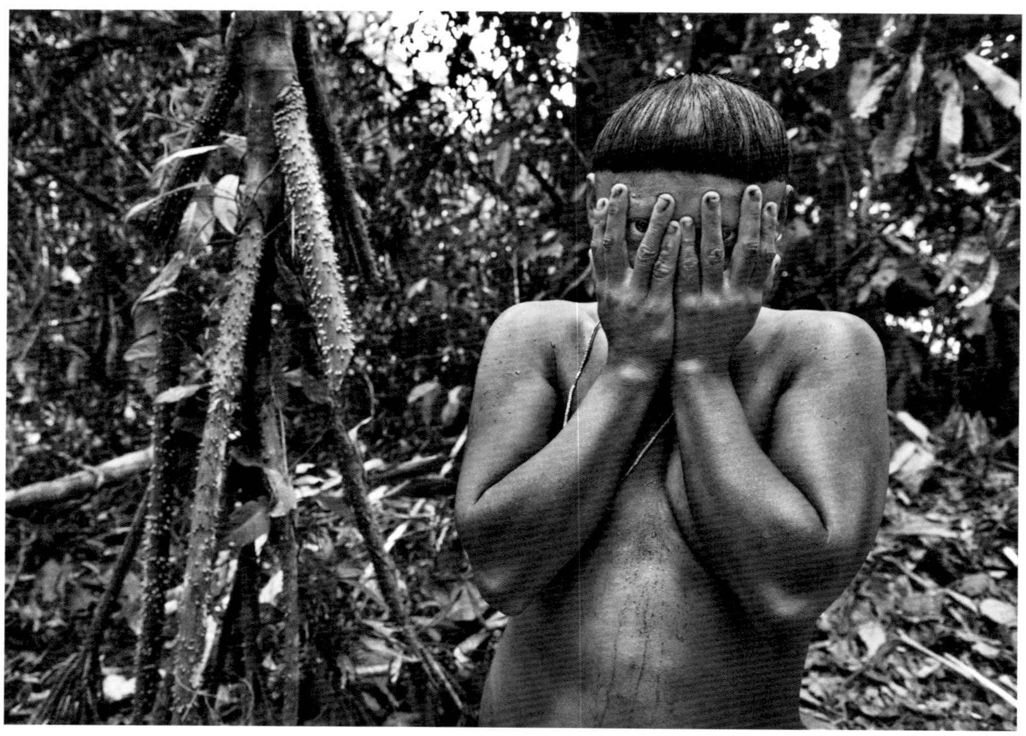

Kulutxia Korubo vor einem Jagdlager am Ufer des Ituí im indigenen Schutzgebiet Vale do Javari im Bundesstaat Amazonas.

Rechte Seite, von links: Pinu Vakwë Korubo mit einem Rotkehlguan; Xuxu Korubo mit einem umgehängten Pfeilköcher. Vor ihnen zwei Braune Wollaffen, erlegt mit dem Blasrohr und Giftpfeilen aus dem Köcher von Xuxu.

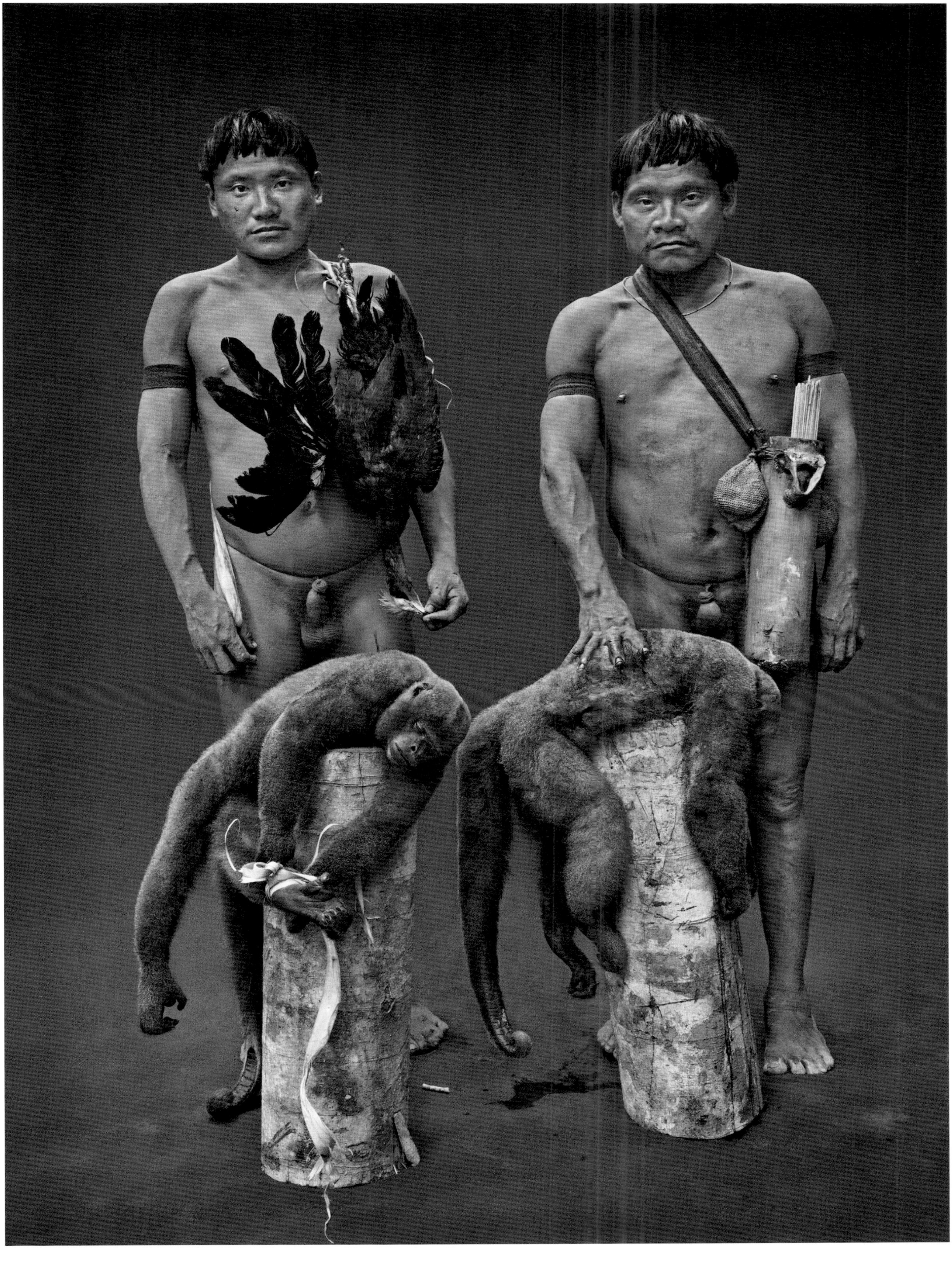

schien zum Aussterben verurteilt zu sein. Doch die damaligen jungen Anführer kämpften um das Überleben und bewahrten ihr Volk mit einer solchen Kraft erfolgreich vor dem Untergang, dass sie zu Vorbildern für das gesamte Amazonasgebiet wurden. Einer dieser jungen Anführer, Biraci Brasil Yawanawá, war einer der Pioniere der União das Nações Indígenas (UNI), die nach der Rückkehr der Demokratie in Brasilien gegründet wurde. Später wurde er bei der Funai zuständiger Leiter für den Bundesstaat Acre. Ein anderer, Joaquim Tsaka Peshahu Yawanawá, hatte als Jugendlicher von Missionaren etwas Englisch gelernt. Er wurde in die Vereinigten Staaten geschickt, um ein Vertriebsnetz für Naturprodukte des Waldes aufzubauen. Dort blieb er mehrere Jahre und studierte in Berkeley, bevor er im Jahr 2000 nach Brasilien zurückkehrte. Diese beiden Männer führen heute eine wohlhabende Gemeinschaft von etwa 1200 Einwohnern: Alkohol ist verboten, und sie haben ihre Kultur und Sprache wiedergefunden. Darüber hinaus garantiert ihnen die brasilianische Verfassung die ausschliessliche Nutzung eines Territoriums in der Grösse von etwa 200 000 Hektar.

Da ich vor allem daran interessiert war, abgelegene indigene Völker zu besuchen, wurden natürlich auch meine Reisen komplizierter. Dies traf jedenfalls auf das Volk der Suruwahá zu, das tief im Bundesstaat Amazonas an den Ufern des grossen Purus-Flusses lebt. Von der Amazonas-Hauptstadt Manaus nahmen wir einen Linienflug nach Porto Velho im Bundesstaat Rondônia. Um Vorräte einzukaufen, flogen wir mit einer kleinen gemieteten Maschine Richtung Norden nach Lábrea. Von dort aus fuhren wir in einem grossen Boot, das die Funai uns zur Verfügung gestellt hatte, drei Tage den Purus hinunter bis zur Mündung in den Tapauá. Dem Tapauá folgten wir bis zur Mündung des Cuniuá, bis wir den Hahabiri erreichten. Nach mehreren Stunden an Bord der Kanus gingen wir schliesslich an der Funai-Basis an Land. Dort blieben wir vier weitere Tage und füllten damit die vollen zehn Tage der vorgeschriebenen Quarantäne aus.

Im Morgengrauen fuhren wir in zwei kleinen motorisierten Kanus weiter zur Mündung des kleinen Flusses Jukihi. An diesem Punkt unserer langen Reise, mitten am Nachmittag, wurden wir plötzlich gezwungen, anzuhalten und am Flussufer unser Lager aufzuschlagen. Zwei Propeller waren gebrochen, und eines der Boote musste zur Funai-Basis zurückkehren, um zwei neue zu holen. Gegen Mitternacht erreichten wir schliesslich unser Ziel – einen Tag später als geplant.

Die Reise war auch in anderer Hinsicht ereignisreich, da ich fast ein Auge verloren hätte. Ich war einem Suruwahá gefolgt, der sich mit einer Machete den Weg durch den Dschungel bahnte, als ein scharfkantiges Stück Bambus meinen rechten Augenwinkel nur um Millimeter verfehlte.

Die Suruwahá, die man zum ersten Mal in den späten 1970er-Jahren kontaktiert hat, verfügen über eine komplexe Kultur. Sie haben zum Beispiel einen Schönheitskult: Als ich ihnen Fotos von anderen Stämmen zeigte, brachen sie in Gelächter aus. Was sie da sahen, hielten sie für ein Spektakel der Hässlichkeit. Ausserdem betreiben sie eine Jugendkult und glauben an drei mögliche Leben nach dem Tod: Das erste und unangenehmste ist alten Menschen vorbehalten; das zweite, marginal besser, ist für diejenigen bestimmt, die an Schlangenbissen sterben; das dritte ist eine Form des Paradieses, ein Ort, an dem sich junge Menschen an der Liebe und der Jagd erfreuen können.

Tragischerweise ermutigt der Anreiz eines frühen Todes in jungen Jahren viele Suruwahá zur Selbsttötung. Ist er wütend oder verärgert, vielleicht sogar sehr glücklich oder aus irgendeinem anderen Grund aufgewühlt, begibt sich mancher Jugendliche in den Dschungel und kaut dort eine Timbó-Wurzel (*Derris elliptica*) – eine Pflanze, die dem Blutkreislauf Sauerstoff und auch Wasser entzieht –, um deren giftigen Saft zu extrahieren und zu schlucken. Dann läuft er, bereits erstickend, zurück zur *maloca*, dem kommunalen Langhaus, da er das Paradies nur erreichen kann, wenn er im Kreis seiner Lieben stirbt. 2016 hatten wir eine Reise zu diesem Volk geplant. Aber nach sechs Selbsttötungen durch Timbó mussten wir diese verschieben. Nachdem wir 2017 wieder abgereist waren, folgten weitere Selbsttötungen. Das Tragische daran ist, dass dieselben Familien, die um ihre Toten trauern, diese Mystifizierung der Jugend auf ewig weiterführen. Für uns ähneln diese Todesfälle Selbsttötungen, aber nicht für die Suruwahá. Das Leben wird einfach durch den aggressiven Geist der Pflanze ausgelöscht, aber sie können sich nicht vorstellen, dass jemand sich selbst Schaden zufügen würde, wie es bei Selbsttötungen der Fall ist.

Bei den Völkern am Xingu-Fluss

Leider wird der äussere Rand des Amazonasgebietes, von wenigen Ausnahmen abgesehen, wegen seiner Artenvielfalt ständig geplündert. Jedes Jahr dehnen Zehntausende von Farmen illegal ihren Grundbesitz aus, tragen Teile des immensen Waldes ab und verkleinern auf diese Weise Stück für Stück die Gebiete der indigenen Völker, die fatalerweise ihre Nachbarn sind. So erging es den Stämmen der Xingu-Region am Südrand Amazoniens, wo sich die grössten Sojabohnenplantagen Brasiliens befinden. Erstmals wurden sie im 19. Jahrhundert kontaktiert und haben dann immens gelitten – nicht nur unter dem Druck der Verdrängung, sondern auch unter den von den Weissen eingeschleppten Krankheiten, gegen die sie nur eine geringe Immunabwehr haben. Bis zur Mitte des 19. Jahrhunderts schrumpfte ihre Zahl auf einige Tausend Menschen.

Die Überlebenden verliessen ihre Dörfer in der Hoffnung, Teil der Gesellschaft zu werden, die ihre eigene zerstört hatte. Dies erwies sich als katastrophal: Viele starben aus Schwermut oder aufgrund absoluten Elends in einer städtischen Umgebung, die dem Einzelnen so fremd war, dass er zu einem blossen Schatten seines früheren Selbst wurde. Die meisten Überlebenden entschieden sich schliesslich dafür, zu ihren Stämmen zurückzukehren. Die Pionierarbeit der drei Villas-Bôas-Brüder, die ihr Leben dem Studium und dem Schutz dieser Völker widmeten, rettete die Xingu vor dem Aussterben. Die Brüder setzten sich 1961 erfolgreich für die Einrichtung von Brasiliens erstem indigenem Schutzgebiet, dem Nationalpark der Xingu, ein. Die Kommunikation mit der Aussenwelt wurde wieder hergestellt, und mehrere Xingu-Repräsentanten, wie der grosse Häuptling Kaiapó Raoni, unternahmen weltweite Reisen auch ausserhalb Brasiliens, um internationale Unterstützung für ihre Anliegen zu finden.

Ausser den Brüdern Villas Bôas haben viele andere indigene Führer dafür gekämpft, ihre Kultur zu erhalten und ihr Land zu verteidigen, indem sie ihre traditionellen Bräuche und ihr Land bewahrten und von dem profitierten, was für sie in der westlichen Kultur interessant war.

Ich wollte drei dieser Gemeinschaften – die Kuikuro, die Waurá und die Kamayurá – während der Feierlichkeiten besuchen, bei denen sie ihr Bekenntnis zu den Traditionen erneuern. Ihre Gebiete liegen im nördlichen Gebiet des Xingu-Flusses, dem sogenannten Oberen Xingu, der einen Teil des grossen Nationalparks bildet. Insgesamt leben hier zwölf Völker, die sechzehn verschiedene Sprachen sprechen und aus sechzehn verschiedenen Regionen Südamerikas stammen. Sie haben sich hier schon Jahrhunderte vor der Ankunft der Europäer angesiedelt. Wir hatten uns gut auf meine lange Reise zum Oberen Xingu vorbereitet, wo ich mehrere Monate verbringen wollte. Während der Reise hatte ich das Glück, zu drei grossen Zeremonien eingeladen zu werden, die jeweils von einer anderen Gemeinschaft organisiert wurden.

Ich begleitete die Kuikuro- und Waurá-Völker bei der Vorbereitung für ein Begräbnisritual, das *kuarup* genannt wird und bei dem Leben, Tod und Wiedergeburt gefeiert werden. *Kuarup* ist eine der wichtigsten Zeremonien im Amazonasgebiet, bei der Angehörige anderer Völker als Gäste eingeladen und grosse Mengen an Speisen und Getränken verzehrt werden. Man bemalt die nackten Körper und trägt aufwendige Federkopfschmuckstücke während der Tänze. Junge Männer treten in Ringkämpfen gegeneinander an, wobei es sich weniger um Kämpfe als vielmehr um Demonstrationen von Stärke handelt.

Bei den Kamayurá nahm ich an einem jährlichen Festival namens Yamurikumã teil, bei dem die Frauen die Macht übernehmen. Gemeinsam mit den Männern ziehen sie die Netze mit den Fischen ein, die während des Festivals geräuchert und gegessen werden. Am Haupttag des Festes bemalen sie mit grosser Sorgfalt ihre Körper und führen einen Tanz auf, der nur für Frauen bestimmt ist. In einem entscheidenden Moment des Festes erscheinen die Männer, aber sie verwandeln sich, wie durch Zauberei, in Wildschweine. Als Höhepunkt des Festes werden sie von den Frauen gejagt, die mit Stöcken auf sie einschlagen und dabei die Gelegenheit nutzen, alle Streitigkeiten und Zankereien beizulegen, die sie als Paare im vergangenen Jahr erlebt haben. Sollte eine Frau mal zu sanft zuschlagen, springt mit aller Kraft die Schwiegermutter ein.

Den ersten Teil meines Aufenthaltes verbrachte ich am Oberen Xingu bei den Kuikuro, wo ich von ihrem Häuptling mit grosser Herzlichkeit empfangen wurde. Afukaká Kuikuro ist ein grosszügiger und weithin respektierter Mann, der darauf bestand, dass ich in der *maloca* seiner Familie blieb. Wir verbrachten dort viele glückliche Momente zusammen, und Afukaká wurde einer meiner engsten Freunde. Durch ihn entdeckte ich die kühle Nacht auf den Hochebenen des Amazonas, wo die Temperatur auf bis zu vier Grad Celsius fallen kann. Die Kuikuro schlafen nackt in Hängematten, die im Kreis um das Holzfeuer hängen. Alle halbe Stunde kümmert sich einer von ihnen um das Feuer. Aufgrund der immensen Grösse der Gemeinschaftshäuser sind mehrere Gruppen von Hängematten um das Feuer versammelt, was zu einem magischen Schauspiel aus Licht und Schatten führt.

Die Völker am Oberen Xingu weigern sich, das Fleisch warmblütiger Tiere zu essen. Sie glauben, dass es sie gewalttätig mache, und auf ihrer Werteskala gibt es nichts Schlimmeres als Gewalt. Um ihren Bedarf an tierischem Eiweiss zu decken, verzehren sie lieber Fische, Schildkröten oder Schlangen, weshalb sich diese Clans an den Ufern sehr schöner und grosser Seen angesiedelt haben. Die starke Sonneneinstrahlung des Tages erwärmt das Wasser in den Seen, und im Morgengrauen nimmt das gesamte Dorf sein erstes gemeinsames Bad. Auf der Flucht vor der Kälte der Nacht stürzen sie sich ins Wasser, das eine Temperatur von etwa 22 Grad Celsius aufweist. Sie sind sehr reinlich und baden mehrmals am Tag, aber ihr längstes Bad findet frühmorgens statt und dauert zwei bis drei Stunden – man taucht erst wieder aus dem Wasser auf, wenn der Tag sich langsam erwärmt. Diese Bäder dienen als wichtige gemeinschaftliche Zusammenkünfte.

In der Isolation

Im Amazonasgebiet Brasiliens leben noch mindestens 114 indigene Völker, die bislang nicht kontaktiert wurden. Und wenn man sie nicht kennt, was kann man dann über sie wissen? In der Vergangenheit waren es Missionarsgruppen, die in der Hoffnung an die Völker herantraten, sie zu bekehren. Heute verbietet die brasilianische Verfassung solche Kontakte. Aber die Funai dokumentiert sämtliche Hinweise auf unkontaktierte Völker, die man bei Überflügen oder wissenschaftlichen Expeditionen in den Dschungel rund um ihre Heimatgebiete gesammelt hat. Und sie führt Buch über ihre Funde: abgelegte Waffen, Tonwaren oder Anzeichen von verbrannten *malocas*, die die Existenz eines bislang unentdeckten Volkes und auch die Grenzen seines Territoriums bezeugen können.

Im Nordwesten Brasiliens, im Tal von Javari, existiert eines der grössten indigenen Territorien. Das Gebiet ist fast so gross wie Portugal und weist die weltweit grösste Konzentration unkontaktierter

ASHÁNINKA

Die Asháninka sind eines der indigenen Völker mit der längsten bekannten Geschichte. Sie leben im indigenen Schutzgebiet Kampa do Rio Amônea im Bundesstaat Acre. Es gibt Aufzeichnungen über ihre wirtschaftlichen und kulturellen Beziehungen zum Reich der Inkas (15. bis 16. Jahrhundert). Damals wurden sie Antis genannt, verkauften den Inkas Produkte aus dem Wald wie Federn, Pelze, Wolle, Baumwolle, Stoffe, Pflanzen (Getreide, Holz) und erhielten im Tausch Metallgegenstände (Kupferbeile, Goldschmuck) und vielleicht auch Halbedelsteine.

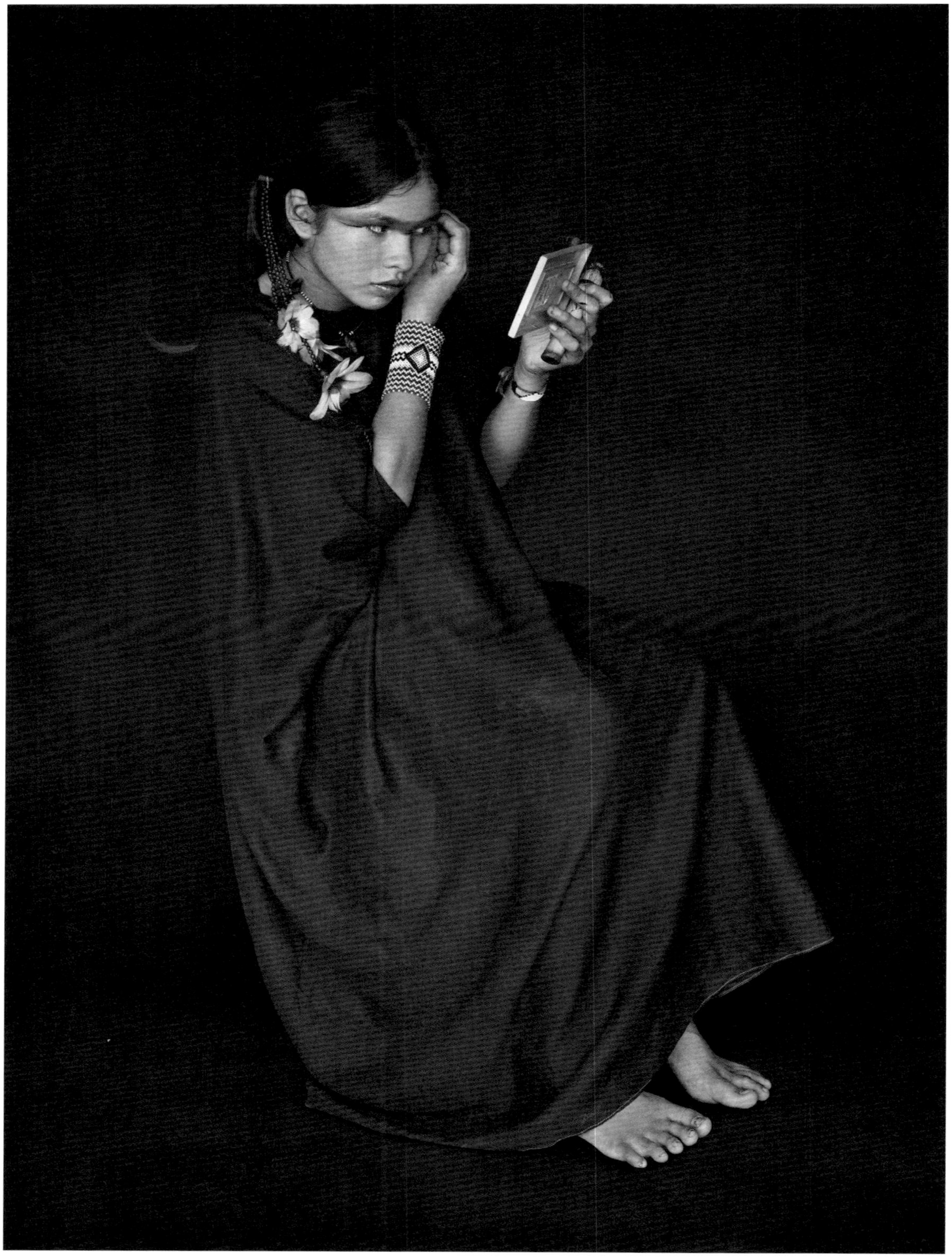

Luísa vom Volk der Asháninka. Alles scheint in der Zeit stehen geblieben zu sein und findet seinen Ausdruck beispielsweise in der Kleidung, dem Stil der Häuser, den Ess- und Trinkgewohnheiten, den Geschichten, die die Leute erzählen, in denen sich die Niederlage der Inkas gerade eben erst ereignet zu haben scheint.

Rechte Seite: Jungen kämmen sich im indigenen Schutzgebiet Kampa do Rio Amônea im Bundesstaat Acre gegenseitig zwischen den Wurzeln eines riesigen Kapokbaums (auch Wollbaum genannt). Der Baum kann bis zu 50 Metern hoch werden und gilt bei den Asháninka und in vielen anderen indigenen Völkern als heilig. Die Nähe zwischen den Mitgliedern der Gemeinschaft, Freude und Dankbarkeit sind sehr wichtig im Leben der Asháninka.

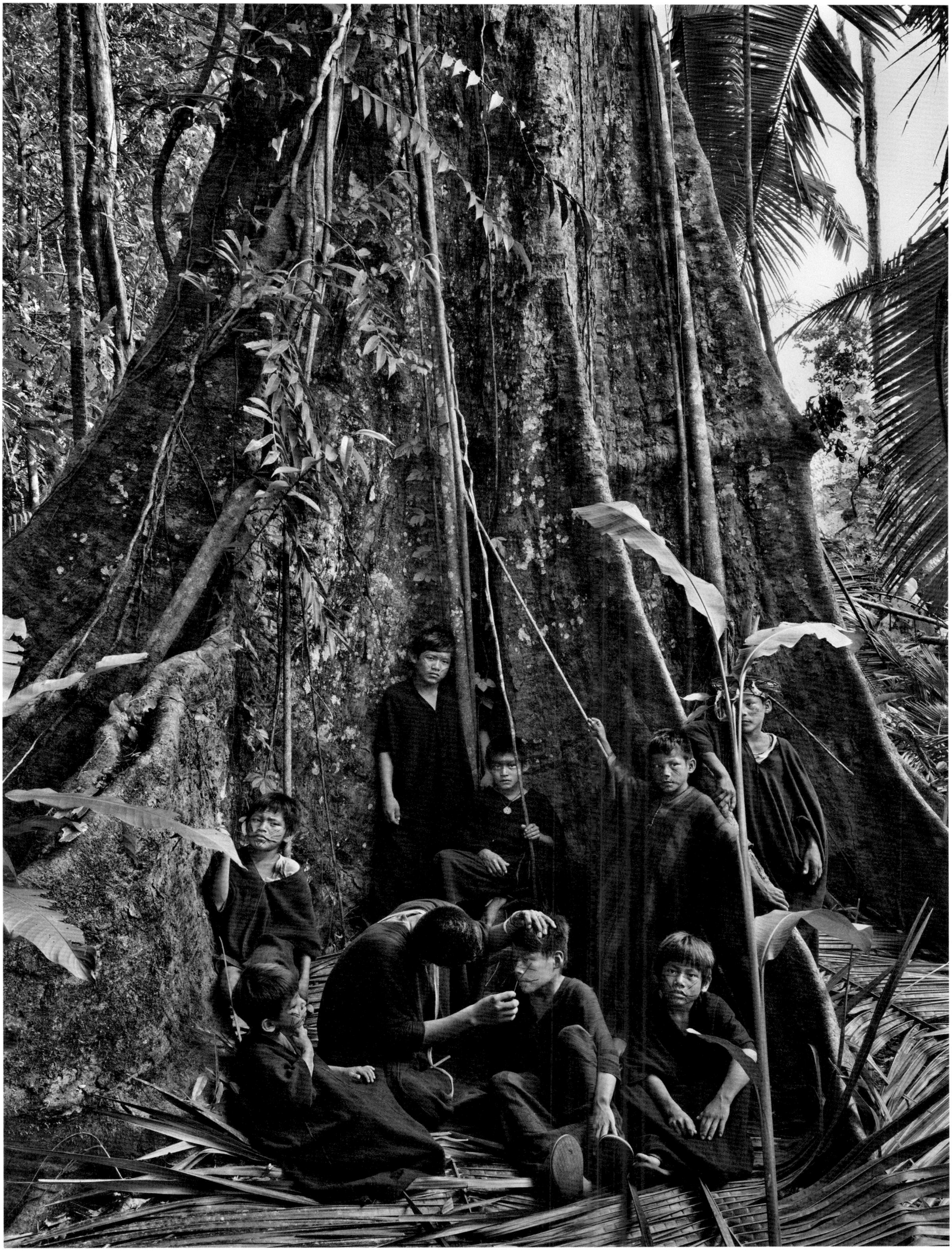

indigener Völker auf. Aus der Luft wurden bislang 14 Völker mit geschätzt etwa 3000 Menschen identifiziert. Ich hatte die Gelegenheit, den Teil eines Volkes, die Korubo, zu treffen. Der erste Kontakt mit ihnen wurde 1996 von dem brasilianischen Forscher und Ethnografen Sydney Possuelo hergestellt, einem der qualifiziertesten Experten des Landes für isoliert lebende indigene Völker in Brasilien. Zu diesem Zeitpunkt hatten sich nur 20 Korubo bereit erklärt, den Dschungel zu verlassen.

Im Jahr 2014 suchte eine Korubo-Frau, die in einer isolierten Siedlung von einer Schlange gebissen worden war, Hilfe in einem der Dörfer des Kanamarí-Volkes, das seit Langem mit der Aussenwelt verbunden war. Die 20 Korubo, die 1996 kontaktiert worden waren, wurden dann von der Funai in dieses Dorf geführt. Zu ihnen gesellten sich zunächst 6 und einige Tage später weitere 23 Korubo. 2015 brach ein gewaltsamer Konflikt zwischen den unkontaktierten Korubo und Angehörigen der Matis aus, bei dem 6 Korubo und 2 Matis getötet wurden. Das Team der Funai, das den Schutz des Tals von Javari koordiniert, schritt ein. Daraufhin schlossen sich den bereits kontaktierten Personen weitere 37 Korubo an. Heute werden insgesamt 127 Korubo (einschliesslich der Neugeborenen) von der Funai betreut. Zur Vermeidung neuer Konflikte mit anderen Völkern siedelte die Funai die Korubo auf Regierungsland am Ufer des Flusses Ituí in einiger Entfernung von dem Ort an, an dem die unkontaktierten Gemeinschaften heute noch immer leben.

Vor meinem Besuch hatte die Funai ein grosses Treffen organisiert, um die Zustimmung der Korubo-Gemeinschaft einzuholen. Nachdem sie sich bereit erklärt hatten, mich zu empfangen, gaben sie ganz konkret an, welche Geschenke sie als Gegenleistung erwarteten: zwei übergrosse Boote mit Aluminium-Aussenbordmotoren mit zwölf Meter langen Antriebswellen für Flachwasser. Boote dieser Grösse musste ich in Manaus bestellen. Mein Besuch bei den Korubo verlief sehr gut, aber nur einige Tage nach meiner Abreise verschwand plötzlich die gesamte Dorfgemeinschaft! Ein Armeehubschrauber machte sich auf die Suche und fand die beiden Alu-Schnellboote, die man als die einzigen in dieser Region unschwer identifizieren konnte. Die Boote lagen mehr als zwei Tagesetappen von der Funai-Basis entfernt im Gebiet der unkontaktierten Korubo-Gemeinschaften: Sie hatten dort ihre isoliert lebenden «Cousins» besucht, bevor sie zwei Wochen später in ihr eigenes Gebiet zurückgekehrt sind.

In den meisten indigenen Dörfern verhindert dichtes Unterholz jegliche Fernsicht, und sogar der Blick in den Himmel wird von gigantischen Bäumen gerahmt. Gehen Dorfbewohner auf die Jagd oder zum Fischen, verschwinden sie innerhalb von Sekunden aus dem Blickfeld; wenn ich mit ihnen unterwegs war, blieb ich, aus Angst, sie zu verlieren, stets in ihrer Nähe und liess sie keine Sekunde aus den Augen. Im Wald lotst einen nur die Sonne, aber selbst sie durchdringt nur gelegentlich das weite grüne Blätterdach. Dieses herrliche Universum aus Vegetation, Feuchtigkeit, Verdunstung, aus Flachland und Hügeln kann man nur vollständig erfassen, wenn man darüber hinwegfliegt oder seine aussergewöhnlichen Flüsse befährt.

In der Luft und auf dem Wasser

Während meiner langen Bootsfahrten zu fernen Völkern habe ich den Wald oft vom Wasser aus fotografiert. Eine Gelegenheit aber war besonders. Mit der Hilfe und der Unterstützung des National Institute of Amazon Research (INPA) hatte ich mich auf einen längeren Flusstrip begeben, der mir eher wie eine ausgedehnte Seereise vorkam. Unser Boot hatte Lebensmittel und Treibstoff für mehrere Wochen geladen. Zwischen der Abfahrt und der Rückkehr nach Manaus setzte ich kein einziges Mal den Fuss auf das Festland.

Es war gegen Ende der Regenzeit, wenn die Pegel der Flüsse am höchsten stehen. In einigen Gebieten steigt das Wasser dann um mehr als zwanzig Meter an, und Überschwemmungen können über hundert Kilometer weit in den Wald reichen. Wir begannen unsere Reise am Rio Negro, der zu diesem Zeitpunkt zehn Kilometer breit war. Sein Lauf wird von Tausenden von Inseln unterbrochen, die, von dichtem Dschungel bewachsen, den Nationalpark Anavilhanas bilden, ein Archipel, das während der letzten Eiszeit entstanden ist.

Nach einer mehrtägigen Fahrt auf dem Rio Negro gelangten wir zur Mündung des Jaú, der uns zum riesigen Nationalpark Jaú führte. Wir setzten unsere Expedition noch mehrere Wochen lang fort, bis die Tankanzeige uns mitteilte, dass es Zeit wurde, umzukehren. Während der gesamten Reise erlaubte uns der Kapitän des Bootes nicht, uns in den Flüssen zu waschen oder zu baden. Er befürchtete, wir könnten von riesigen Boas oder gar von Piranhas angegriffen werden. Die Piranhas seien hier ungewöhnlich aggressiv, da in diesen dunklen, stark sauren Gewässern nur wenige Fische lebten, die für sie als Nahrung in Betracht kamen.

Für mich als Fotografen war diese Reise auf dem Fluss eine Augenweide. Vor allem genoss ich die Möglichkeit, die Entfernungen zum Wald frei zu wählen und mit geringer Geschwindigkeit nur wenige Meter von den Bäumen entfernt am Ufer vorbeizufahren. Auch erlebten wir so heftige Stürme, dass mangelnde Sicht uns zwang, das Boot anzuhalten. Die sich ständig verändernden Wolkenformationen boten dabei ein so faszinierendes wie dramatisches Schauspiel, dass es nicht schwerfiel, vor der überwältigenden Majestät des Regenwaldes die eigene Bedeutungslosigkeit zu spüren.

Aber nur aus der Luft wird man wirklich in die Lage versetzt, die fast unvorstellbare Dimension des Amazonasgebietes angemessen zu würdigen. Und hier erhielt ich die wahrscheinlich einzigartige Gelegenheit, diese weitläufige und vielfältige Welt zu fotografieren: Hubschrauberbesatzungen der brasilianischen Luftwaffe hatten meinen Vorschlag angenommen, sie bei Missionen in die entlegensten Winkel des Planeten Amazonien zu begleiten. Dabei verstand

Nächste Doppelseite: Ein weisser Regenvorhang über dem Parima-Gebirgszug im indigenen Schutzgebiet der Yanomami im Bundesstaat Roraima.

ich auch den Grund, warum von einem grossen Teil des Regenwaldes keinerlei Aufnahmen existieren. Es gibt einige über den Dschungel verstreute Militärstützpunkte, die zum Auftanken dienen. Deshalb sind nur Militärs in der Lage, grosse Entfernungen zu überfliegen und unzugängliche Siedlungen zu erreichen. Ich hatte bereits zahllose, scheinbar endlos bewaldete, durch serpentinenförmige Flüsse begrenzte Niederungen fotografiert, aber nie zuvor hatte ich solche Bergketten gesehen, die sich Tausende von Metern über den Meeresspiegel erheben. Ich hatte von «fliegenden Flüssen» gehört, aber erst jetzt konnte ich in sie eintauchen, in ihrer Feuchtigkeit baden und sie von innen heraus fotografieren. Ich sah, wie dichte Baumebenen bis zu den Ausläufern der Berge reichten, allmählich deren Hänge hin aufstiegen und mit wachsender Höhe sowie der dünner werdenden Luft immer kleiner wurden, bis sie in der Nähe der Gipfel nahezu verschwanden. Es kam mir so vor, als hätte sie die Anstrengung ermüdet und der schwierige Aufstieg erschöpft.

Es gab heftige Regenfälle, die an Nuklearexplosionen oder Vulkanausbrüche erinnerten, dichte Regenwolken, die den Horizont verschwinden liessen und unsere Hubschrauber selbst im Tiefflug daran hinderten, weiterzufliegen. Dies zwang uns bei mehreren Gelegenheiten zu Notlandungen und Übernachtungen im Wald. Diese ausgezeichneten jungen Militärpiloten kannten alle Landemöglichkeiten. Dennoch waren einige der hier lebenden indigenen Völker überrascht, uns durch die Gewitterwolken auftauchen und in der Nähe ihrer *malocas* landen zu sehen. Bei den meisten dieser Flüge begleitete mich meine Frau Lélia. Und ich bemerkte oft, dass sie beim Anblick dieses einzigartigen Paradieses, das heute vom Verschwinden bedroht ist, Tränen der Rührung in den Augen hatte. Im Norden des Bundesstaates Roraima, in Richtung der Tafelberge mit ihren Hochplateaugipfeln, ändert sich das Gelände abrupt, und der Regenwald geht in eine seltsame Trockenlandschaft über, die mich an Zentralasien erinnert. Die Erosion hat dicke Spalten in die Berghänge gegraben, deren Kanten Lavaströmen ähneln. Die einzige Unterbrechung in dem tristen braunen Panorama sind schmale grüne Linien, wo Bäume sich an die Ufer von Flüssen schmiegen. Das ist der Lavrado, immer noch ein Teil des Amazonas, aber doch ganz anders als alles, was ich bisher gesehen habe.

Ob vom Himmel oder vom Boden aus betrachtet, Amazonien hat mich stets mit Ehrfurcht erfüllt. Weder Worte noch Fotos können dieses Gefühl, von der schieren Kraft und Erhabenheit der Natur überwältigt zu sein, vollständig vermitteln. Doch ebenso unvergesslich ist das Gefühl der Intimität, das ich bei meinem wochenlangen Zusammenleben mit den verschiedenen indigenen Völkern erlebt habe. Erst durch sie bekamen der Wald und die Flüsse ihren besonderen Sinn, der ihnen Leben und Nahrung verschafft. Ich empfand es als besonderes Privileg, ihre Zeit und ihren Raum mit ihnen teilen zu dürfen, indem ich erst geduldig lernte, akzeptiert zu werden, und dann in aller Ruhe ihr tägliches Leben dokumentierte – ihre herzlichen Familienbande, ihre Jagd und ihren Fischfang, die Art und Weise, wie sie Mahlzeiten zubereiten und teilen, ihre magische Geschicklichkeit, Gesichter und Körper zu bemalen, die Bedeutung ihrer Schamanen, ihre Tänze und Rituale. Dies alles liess mich ihre Sanftmut spüren und weitergeben.

Das Leben dieser Völker verändert sich. Meine Hoffnung ist, dass andere kontaktierte Stämme, wie die Xingu, lernen, mit der Aussenwelt zu koexistieren, und zugleich ihre Sprachen und Kulturen bewahren. Dabei können wir – und mit uns alle Brasilianer – eine wichtige Rolle spielen, indem wir anerkennen, dass diese Ureinwohner – und der Regenwald, den sie schützen – unersetzliche Schätze der Menschheit und unseres Planeten sind.

Um als Kultur zu überleben, dürfen die indigenen Völker aber nicht nur Objekte anthropologischen Interesses sein; sie müssen auch selbst zur nachhaltigen Entwicklung des Amazonasgebietes beitragen – und davon profitieren, indem sie dessen ausserordentlichen, erneuerbaren botanischen Reichtum nutzen, sei es in Form von exotischen Gewürzen, Nüssen oder Pflanzen mit medizinischem oder kosmetischem Wert.

Amazônia muss fortbestehen. Und als Herzstück diejenigen, die dort leben.

Sebastião Salgado, 1944 in Aimorés geboren, studierte in São Paulo Wirtschaftswissenschaften. In den 1960er-Jahren engagierte er sich gegen die Militärdiktatur in Brasilien und war 1969 gezwungen, nach Paris auszuwandern. Dort begann er 1973 seine Karriere als Fotograf und arbeitete in der Folge für die Fotoagenturen Sygma, Gamma und Magnum Photos. Im Jahr 1994 gründete er gemeinsam mit seiner Frau Lélia Wanick Salgado die Agentur Amazonas Images (heute ihr Studio), die sein Werk exklusiv vertritt. Mit einer Arbeit über die Arbeitsbedingungen in einer brasilianischen Goldmine wurde er berühmt. Es sollten viele ähnlich aufsehenerregende Reportagen folgen, etwa über die brennenden Ölquellen im Irak während des zweiten Golfkriegs oder über unberührte Flecken der Erde, die dann im Bildband *Genesis* (2014) versammelt und auch in zahlreichen Ausstellungen gezeigt wurden. Die *Du*-Ausgabe 851, *Salz der Erde,* zeigt eine umfassende Auswahl seines Lebenswerkes mit begleitenden Texten und Interviews. Am 20. Oktober 2019 erhielt Sebastião Salgado als erster Fotograf überhaupt den Friedenspreis des Deutschen Buchhandels in der Paulskirche in Frankfurt. Er wurde für «seine Forderung nach sozialer Gerechtigkeit und Frieden in seinen Fotos» sowie sein Engagement für die Natur und deren Erhaltung geehrt. Nicht zuletzt für das Instituto Terra, ein von Salgado und seiner Frau Lélia gegründetes Aufforstungsprogramm, das dafür gesorgt hat, dass im brasilianischen Regenwald bislang rund 2,7 Millionen Bäume gepflanzt wurden. Die Bilder in diesem Magazin sind Teil des Bildbands *Amazônia* (2021), der zusammen mit einer Art-Edition im Taschen-Verlag, Köln, erschienen ist und den seine Frau Lélia Wanick Salgado herausgegeben hat. Sebastião Salgado bereiste dafür sechs Jahre lang das brasilianische Amazonasgebiet.

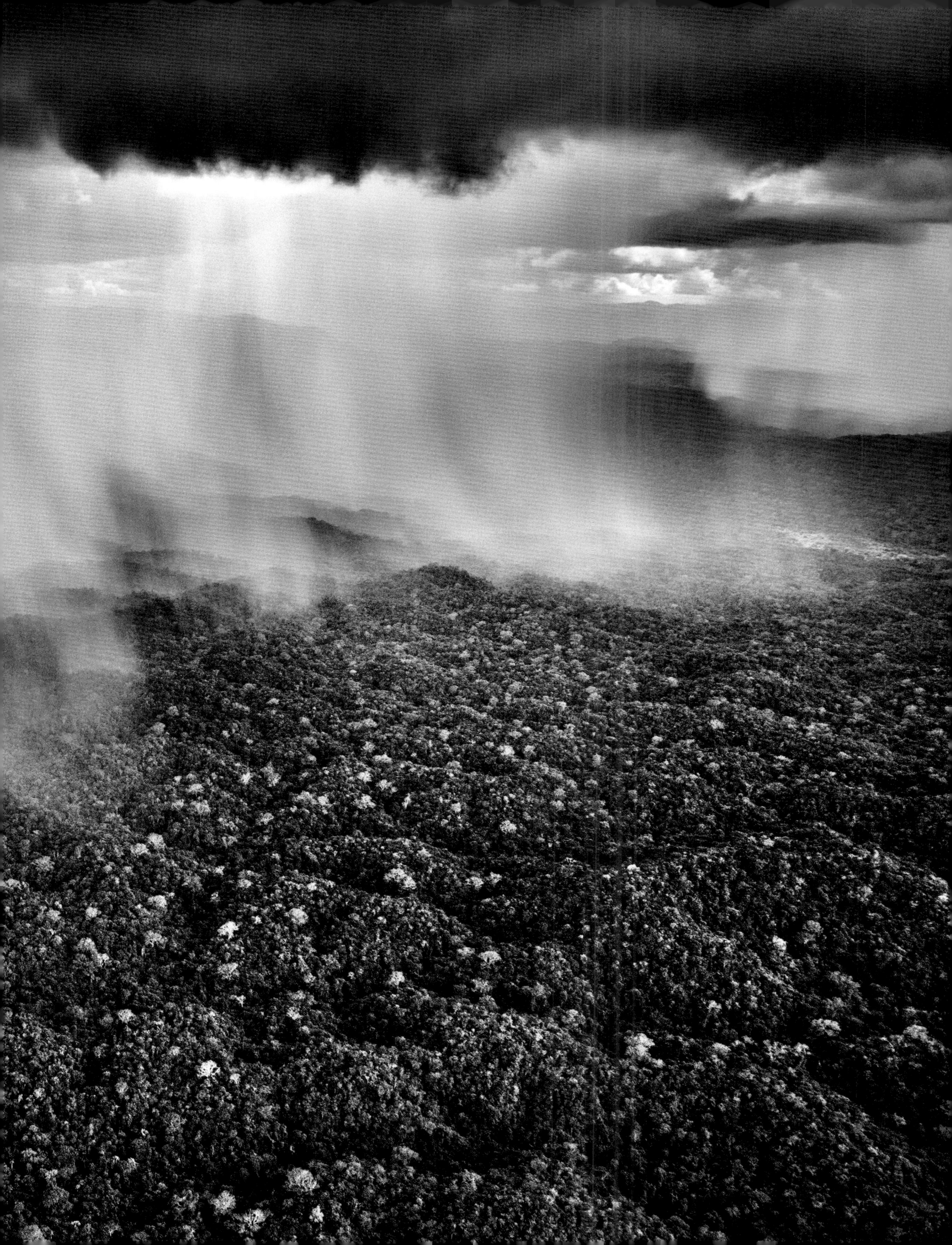

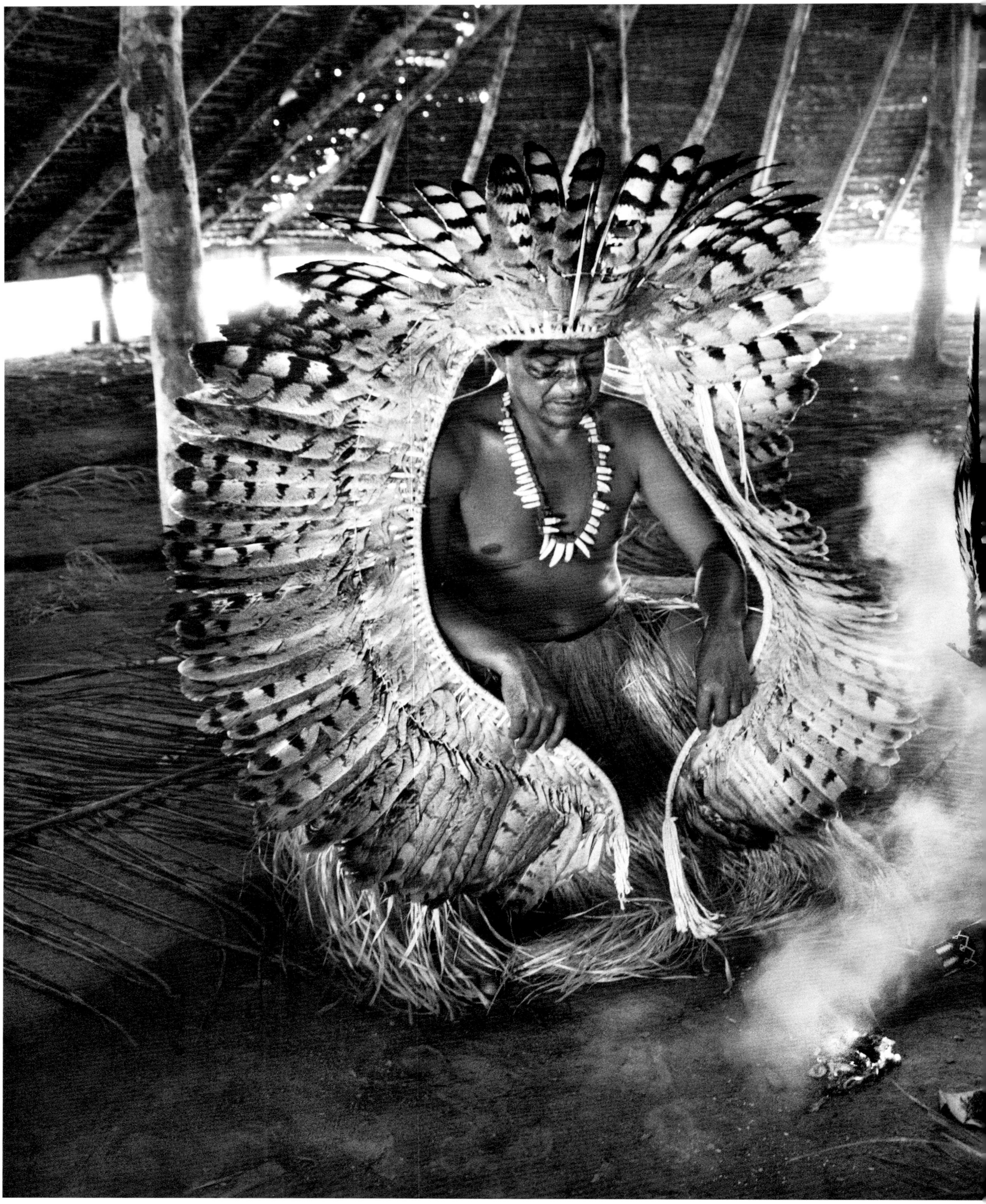

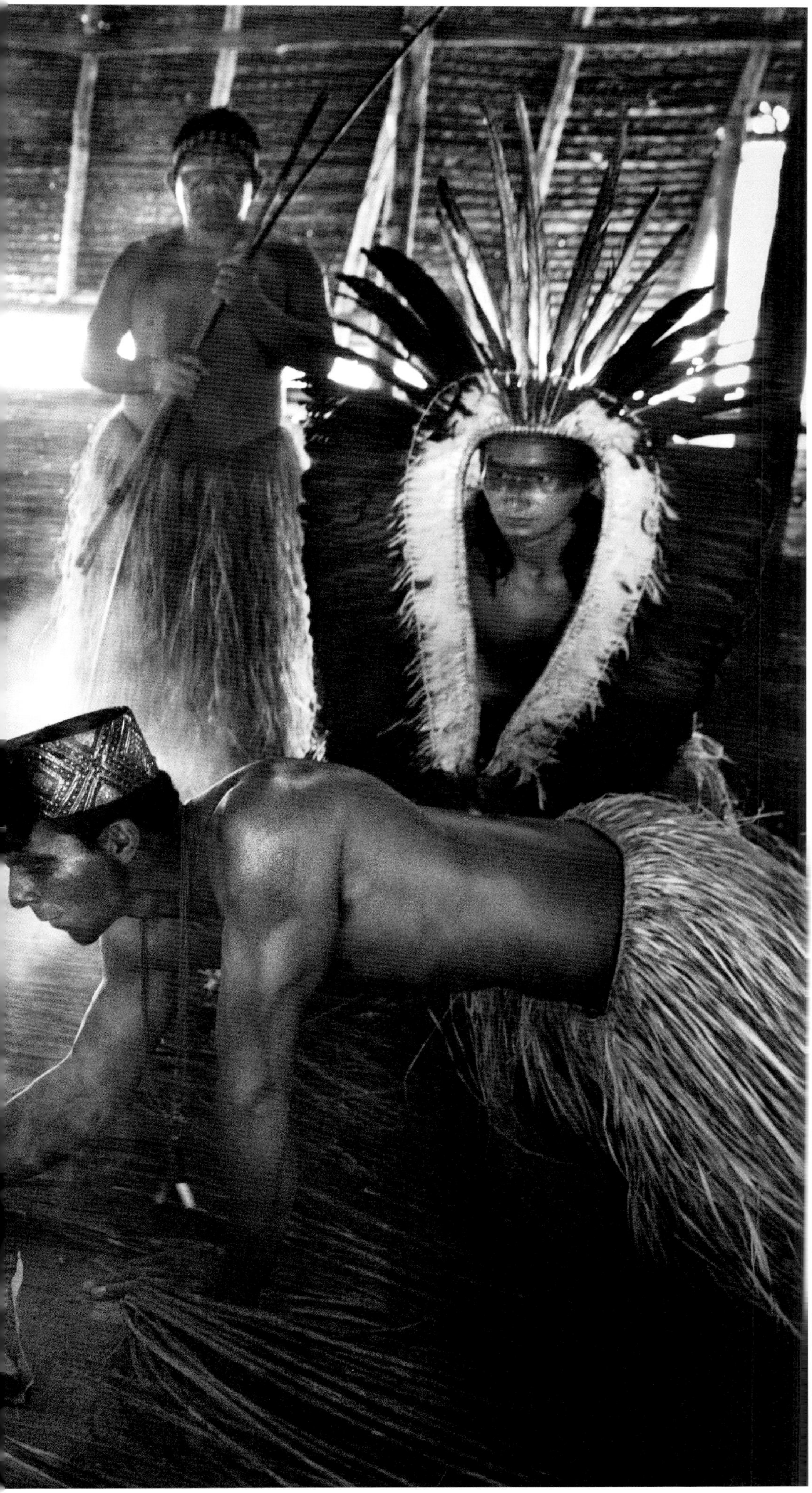

Biraci Brasil (Nishiwaká), Oberhaupt der Yawanawá des oberen Rio Gregório, Tênpu, im Hintergrund stehend, sowie Tchanu und João, auf den Knien, verbrennen *sepá*-Harz, um für ein Ritual Rauch zu produzieren.

YAWANAWÁ

Die Yawanawá wurden unter Druck gesetzt, ihre eigene Sprache nicht zu gebrauchen, vor allem von den Besitzern der Kautschukplantagen, die die Wälder von Acre ab dem Ende des 19. Jahrhunderts beherrschten. Eine weitere Bedrohung war die evangelikale Mission, die den christlichen Glauben durchgesetzt hat und deren Vertreter die traditionellen indigenen Riten als «teuflisch» bekämpften. Inzwischen haben die Yawanawá ihre traditionelle Kultur und Sprache gewissermassen zurückerobert, während sie gleichzeitig Smartphone und Computer benutzen und so mit der modernen Welt verbunden sind.

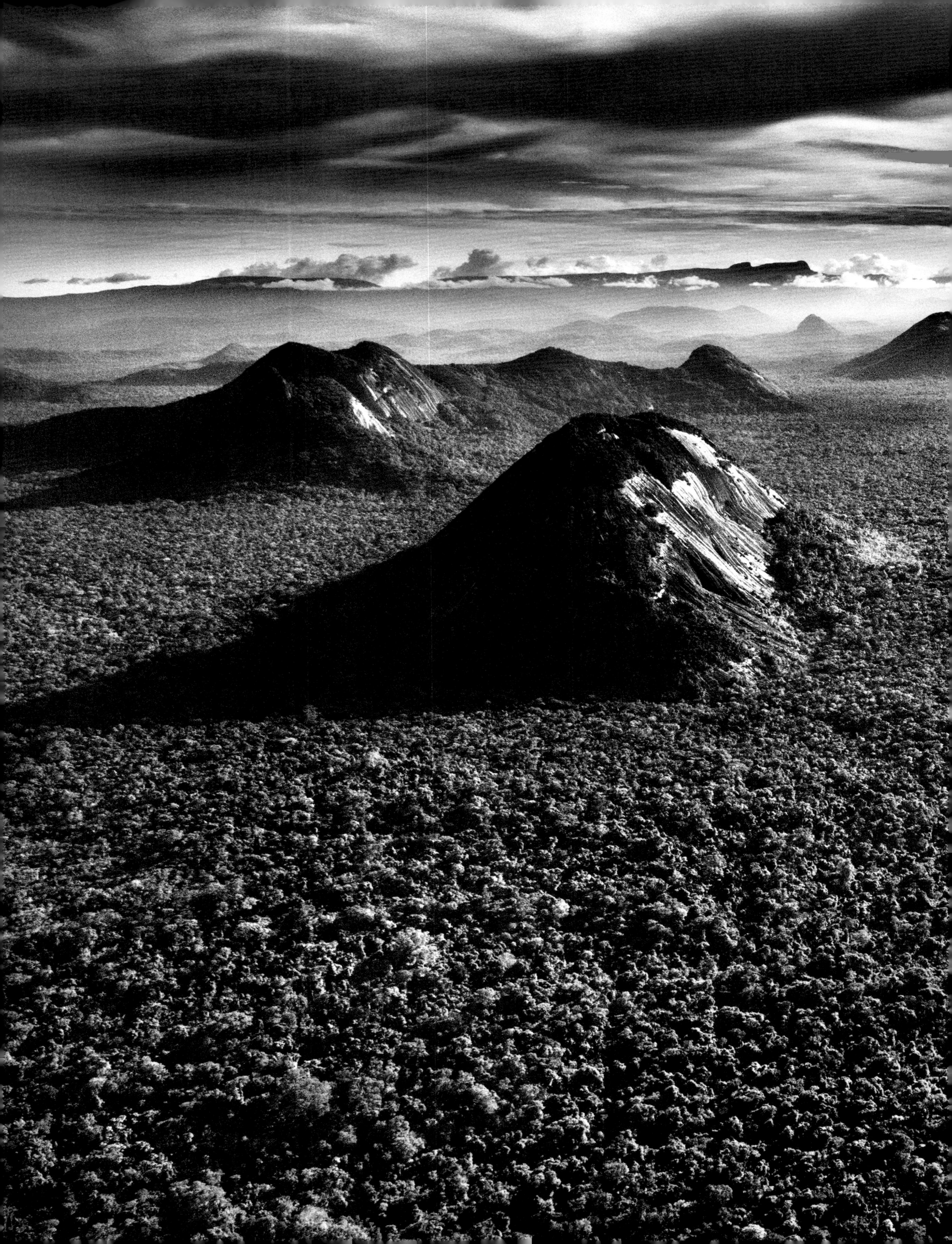

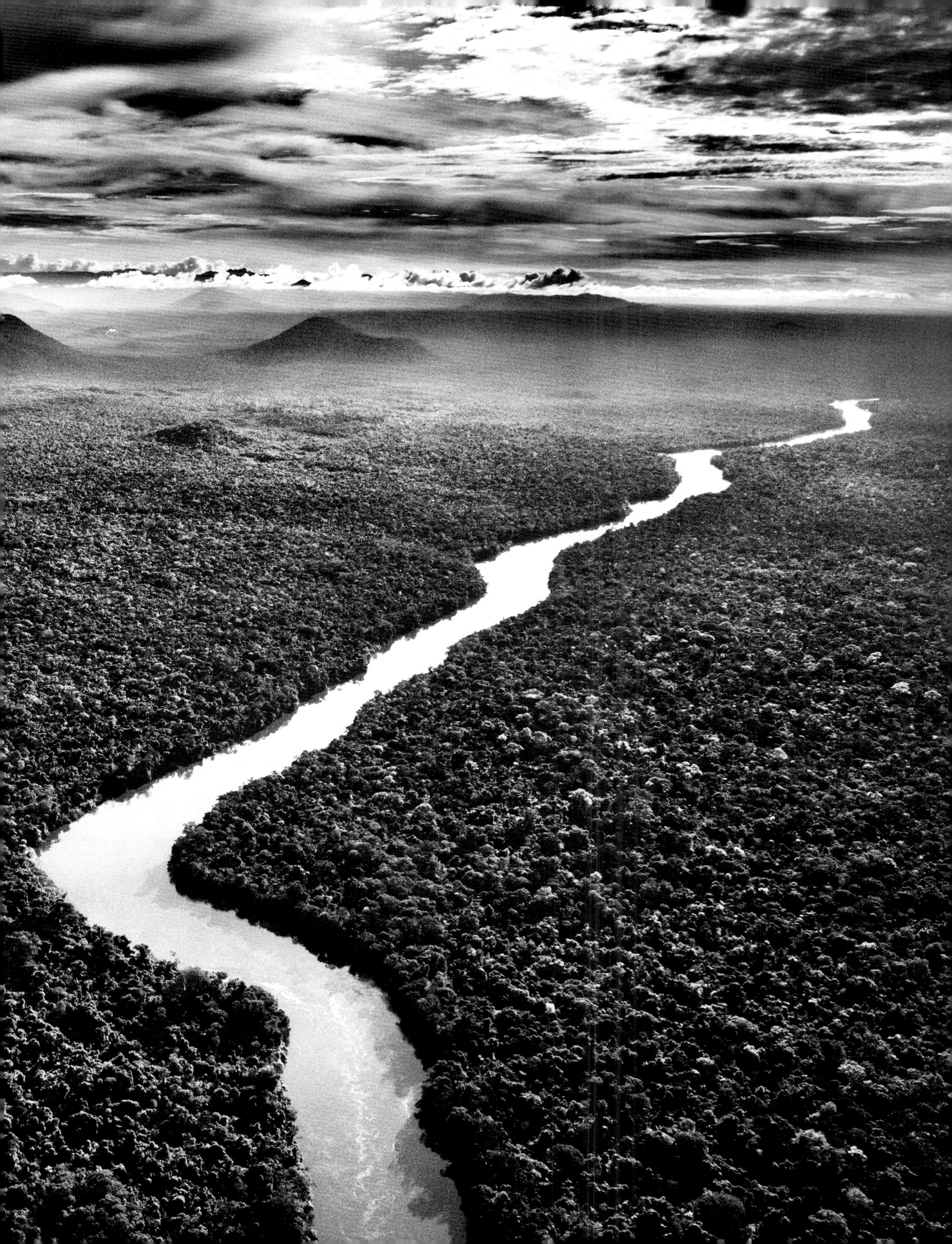

SURUWAHÁ

Beim Volk der Suruwahá handelt es sich um 154 Personen, ihre Anzahl wächst langsam, aber stetig (in den 1980er-Jahren waren es 100). Ihre Gesundheit ist ausgezeichnet, sie produzieren alle Lebensmittel, die sie konsumieren, selbst und sind sehr stolz auf ihre hoch entwickelten landwirtschaftlichen Techniken. Sie leben freiwillig in fast völliger Isolation und halten ihre Traditionen sehr sorgfältig aufrecht. Sie sind darauf bedacht, ihren kräftigen Körper zu betonen und damit ihre Gesundheit zu unterstreichen. Ihre Siedlungen befinden sich sechs Tagesreisen mit dem Boot von der Stadt Lábrea entfernt (850 Kilometer südlich von Manaus, der Hauptstadt des Bundesstaates Amazonas).

Vorhergehende Doppelseite: Der Demini ist ein Zufluss des Rio Negro und fliesst durch das indigene Schutzgebiet der Yanomami am Rand der Berge des Nationalparks Serra do Aracá im Bundesstaat Amazonas.

Huwaxi Suruwahá mit Baumrindenfasern, aus denen Stricke oder Hängematten hergestellt werden.

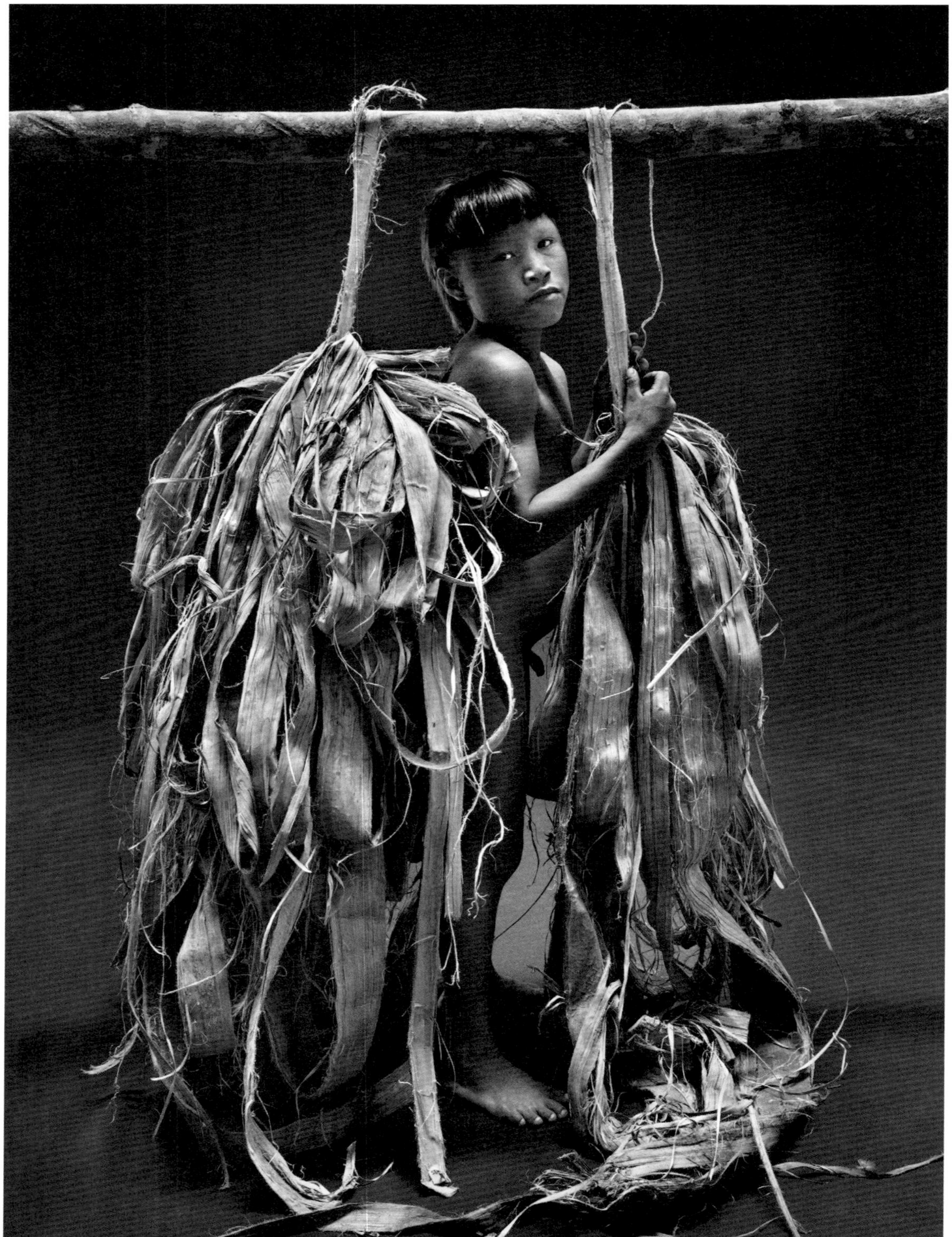

Fischen auf dem Jukihi im indigenen Schutzgebiet der Suruwahá unter Verwendung von *timbó*, einem Gift, das die Fische lähmt. Die typischen Kanus, in denen mehrere Personen Platz finden, werden von den Suruwahá aus der über einem Feuer erhitzten Rinde des Jutaí-Baums geformt, der zur gleichen Familie wie der Jatobá gehört.

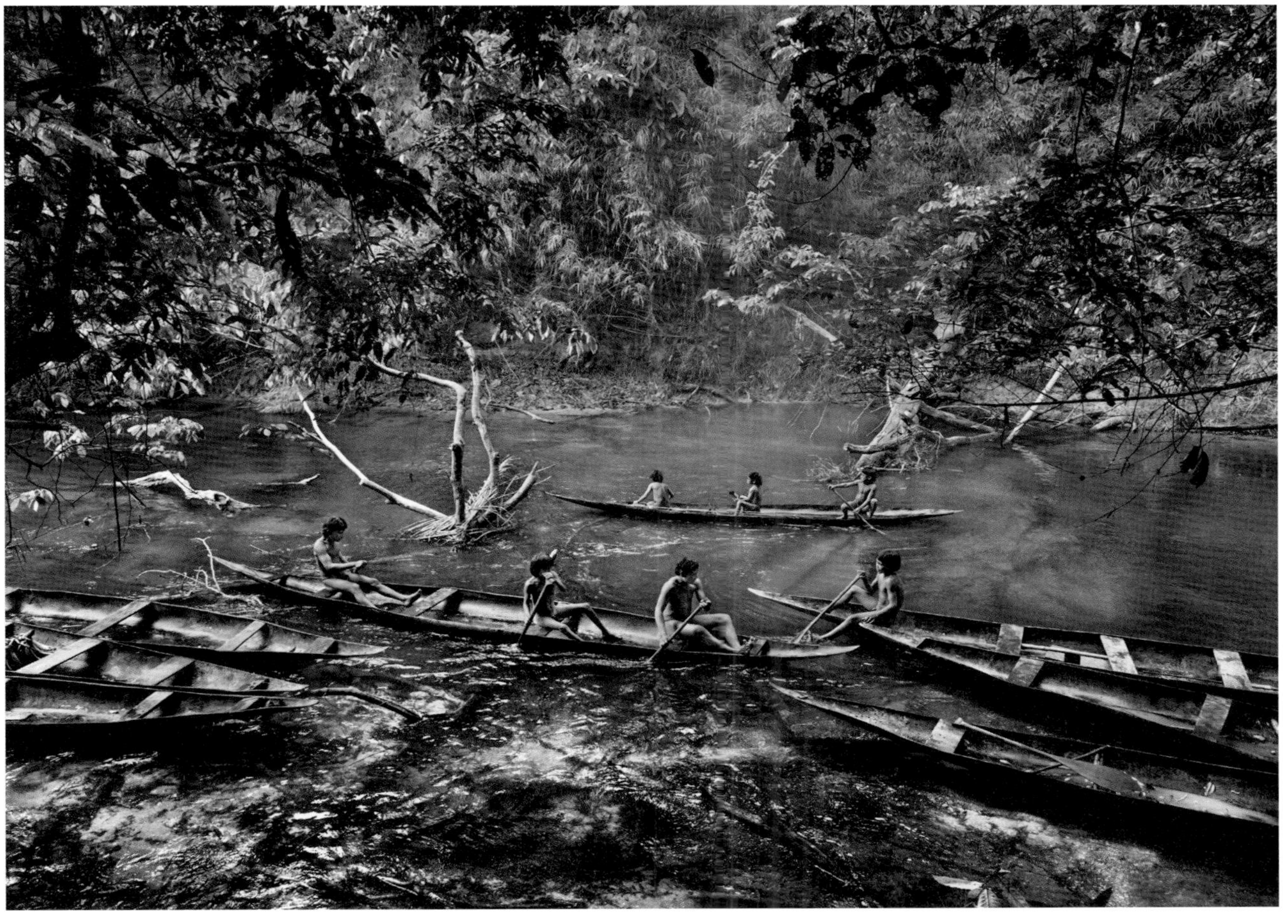

Vorn in der Mitte steht Kwakway vom Volk der Suruwahá, der einen Korb voller Maniok aus der Siedlung zur Fermentierung zum Fluss bringt. Der Korb ist riesig und kann mit 600 bis 800 Kilogramm geschältem Maniok, stärkehaltigen Wurzelknollen, gefüllt werden. Beim Tragen des Korbes machen alle Männer mit, wobei einer vorausgeht und die grösste Anstrengung übernimmt.

Nächste Doppelseite: Der Purus mit seiner sandigen Uferböschung in der Region von Canutama im Bundesstaat Amazonas.

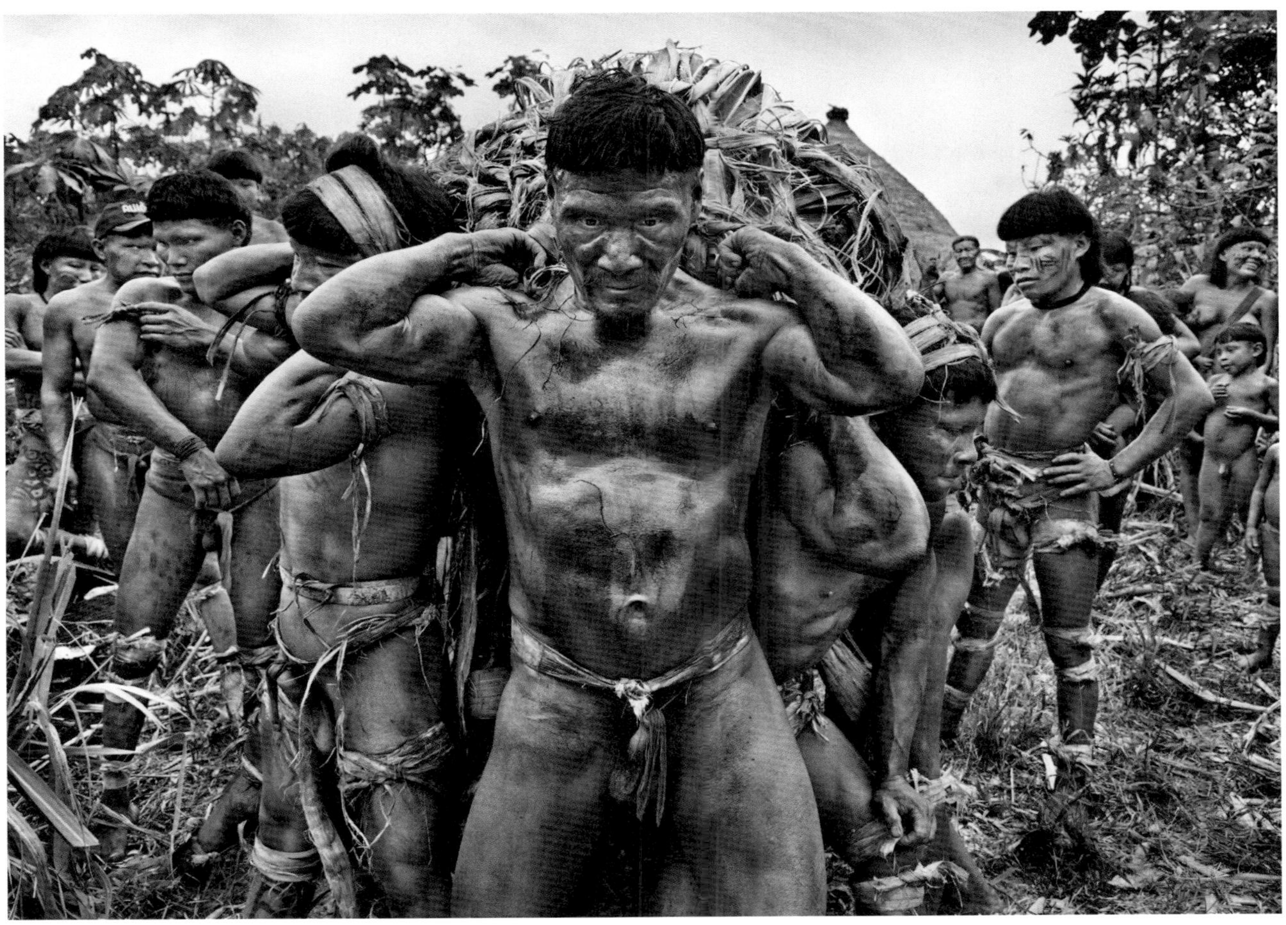

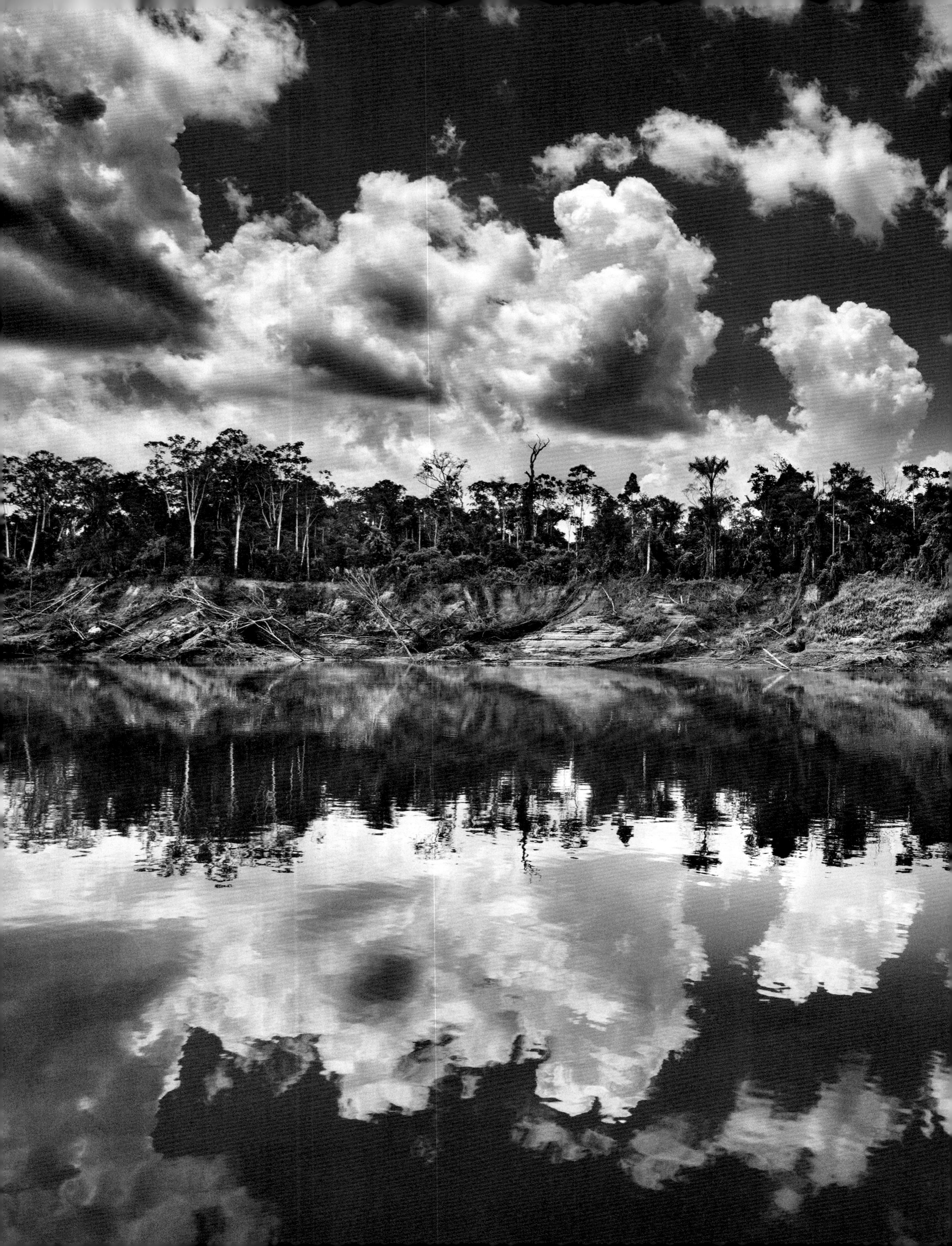

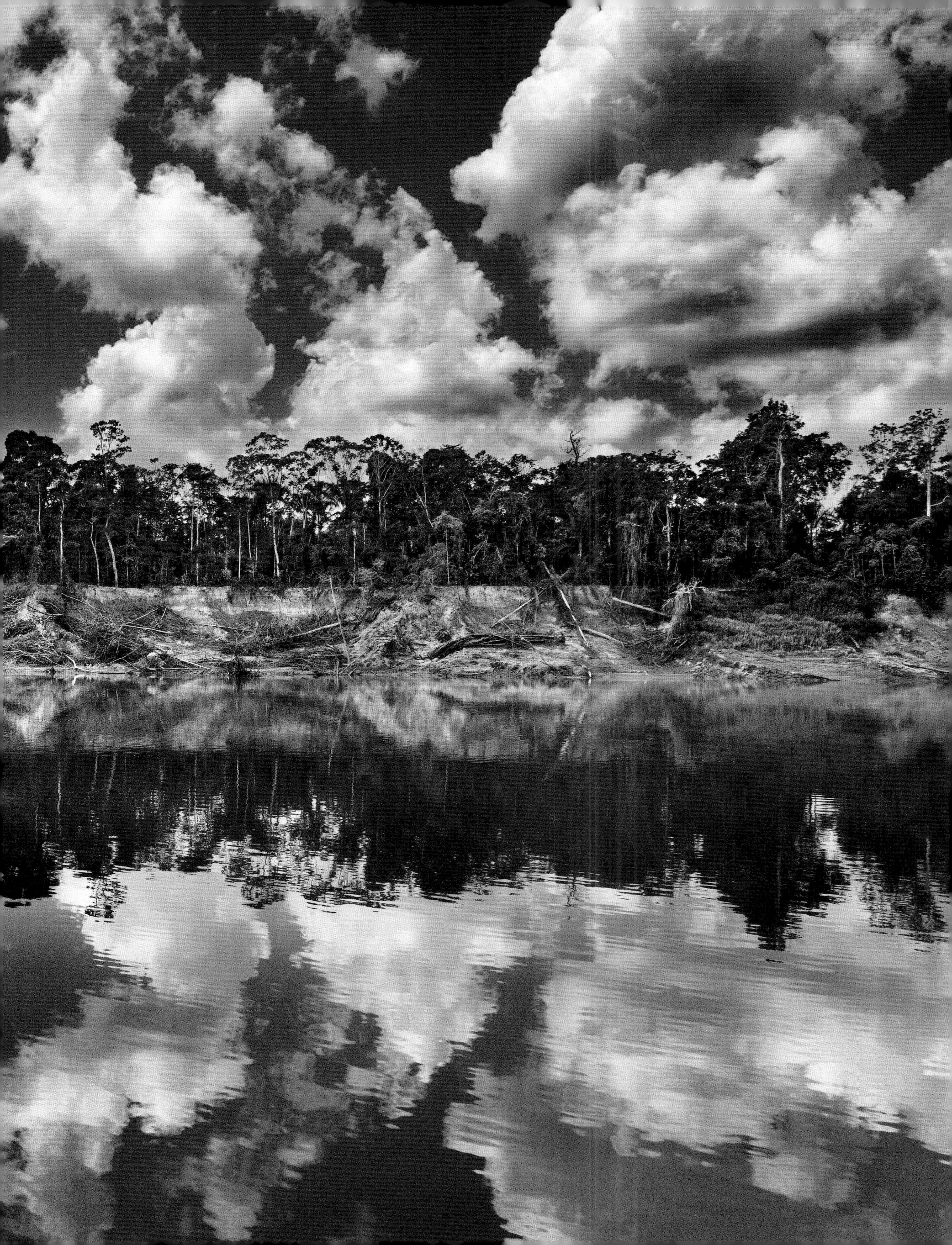

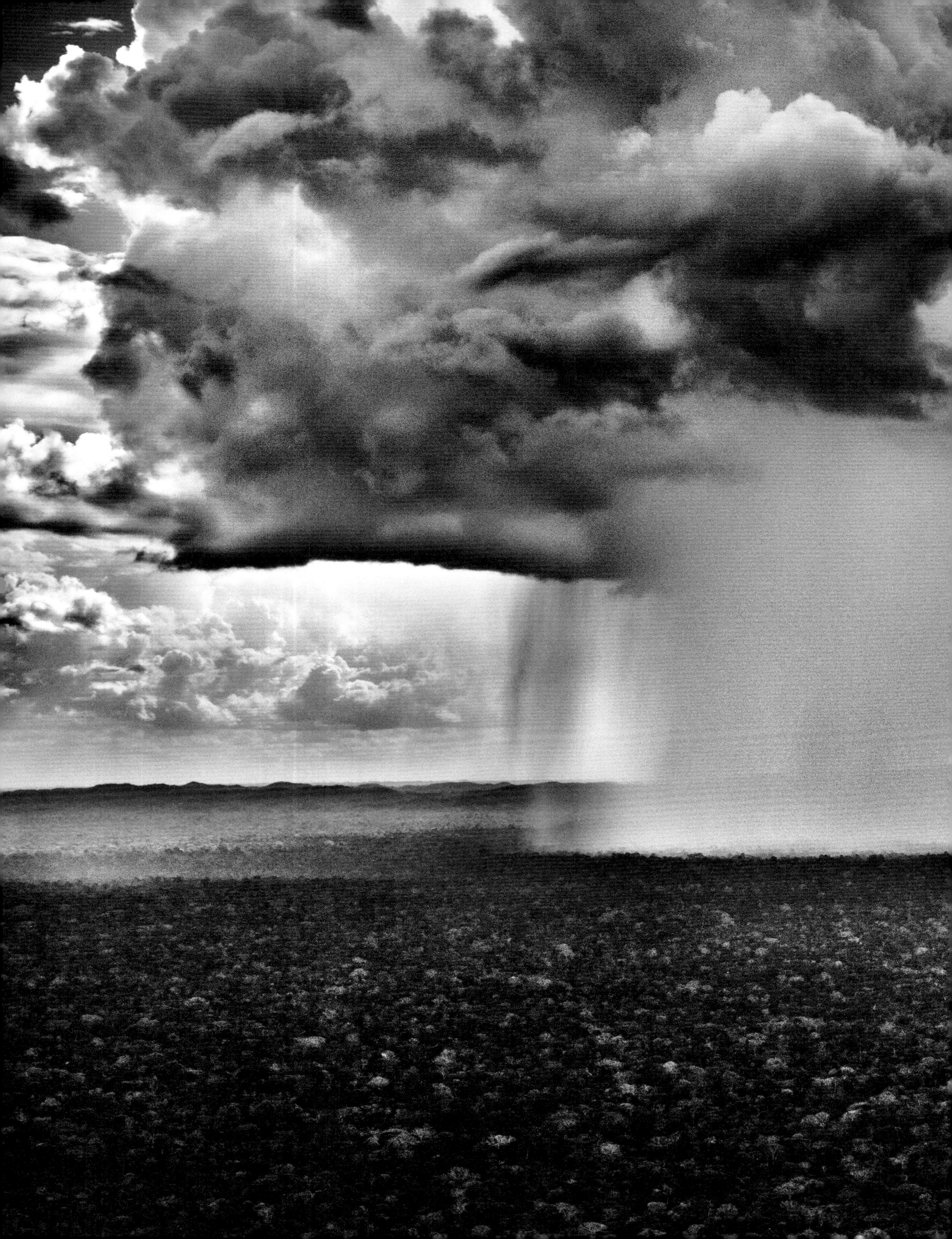

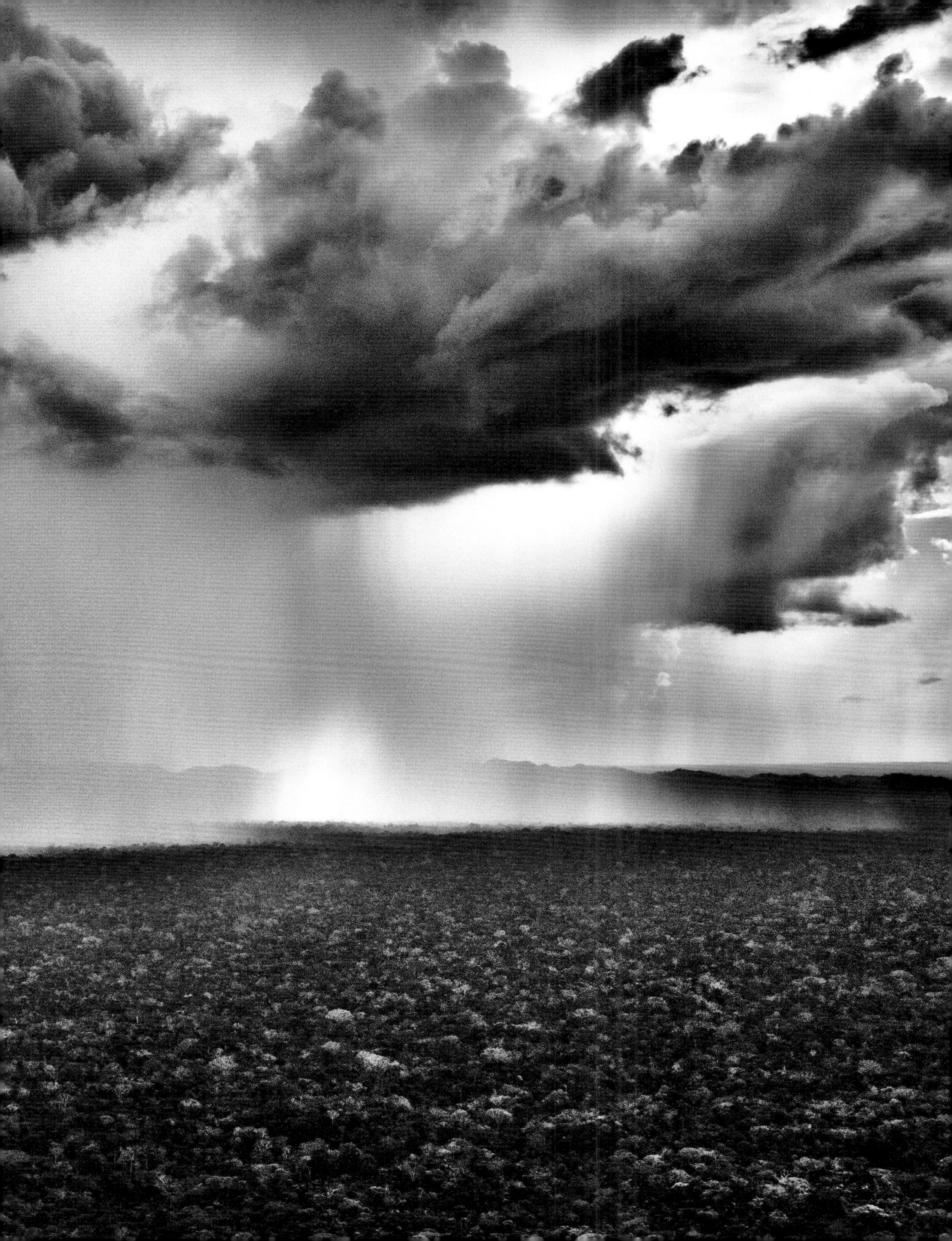

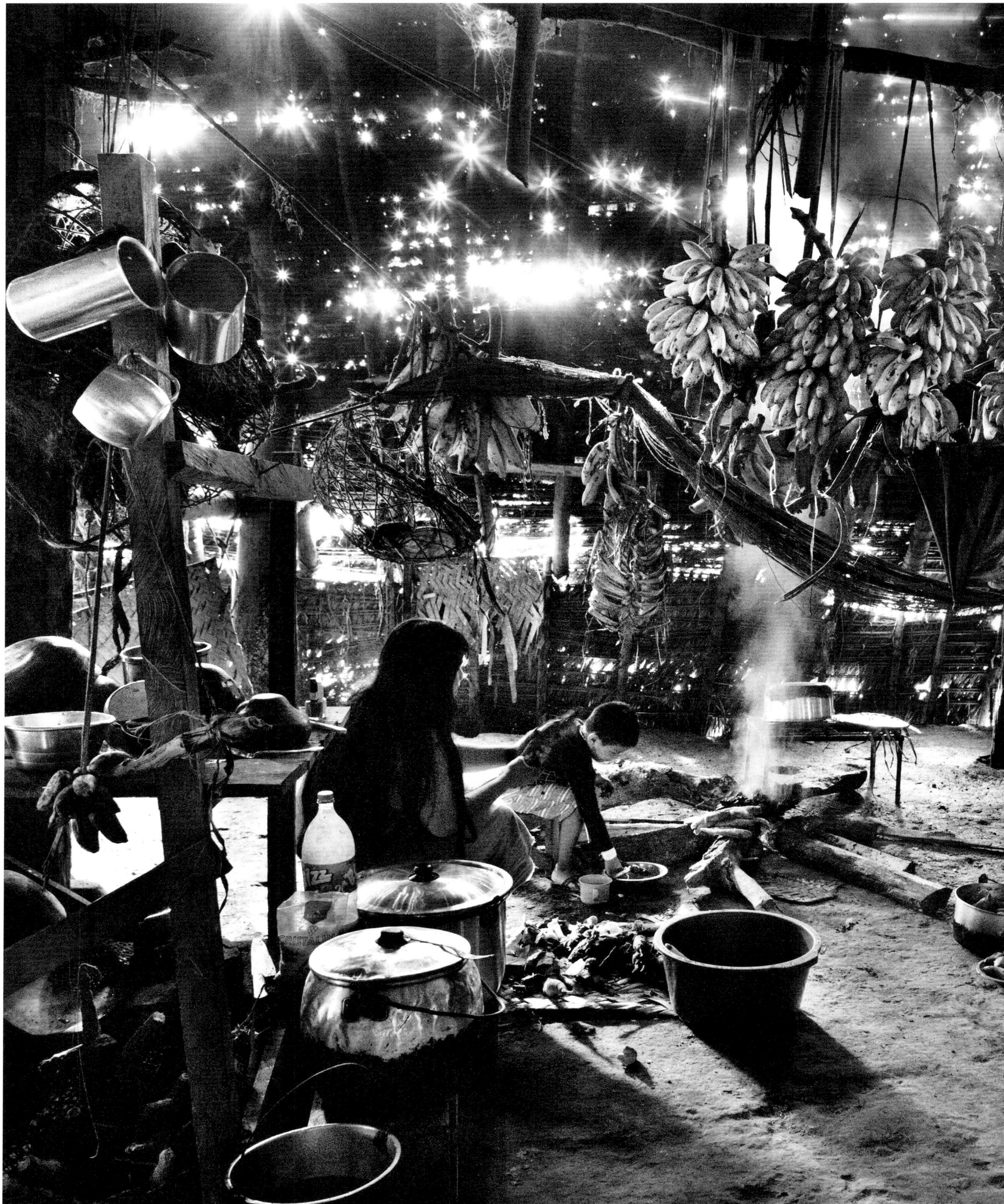

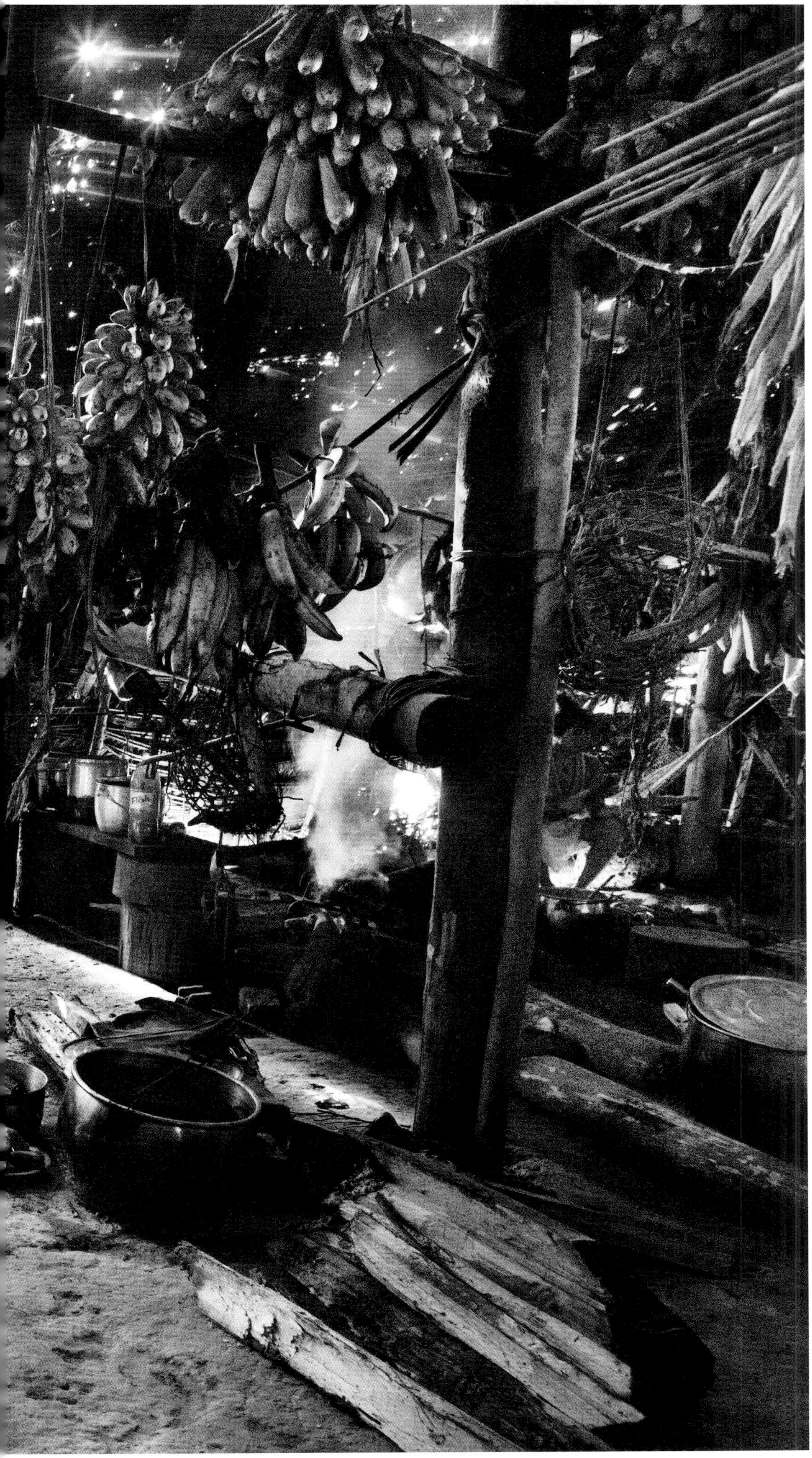

Vorhergehende Doppelseite: Indigenes Schutzgebiet Kampa do Rio Amônea in der Gemeinde Marechal Thaumaturgo im Bundesstaat Acre im Regen. Kampa ist der Name, unter dem die Asháninka bekannt waren, als ihr Reservat 1992 geschaffen wurde.

Shanko Ewa und ihr Sohn Shanko in der Küche des Hauptgemeinschaftshauses des Dorfes Maronal, der *maloca* des Oberhauptes Ivinimpa.

MARUBO

Gegenwärtig umfasst die Marubo-Bevölkerung etwas mehr als 2000 Personen. Das von ihnen bewohnte indigene Schutzgebiet Vale do Javari im äussersten Westen des Amazonasgebietes ist mit 8,5 Millionen Hektar eines der grössten in Brasilien und beherbergt weitere indigene Völker. Die Marubo leben in Gemeinschaftshäusern, länglichen *malocas*, die im Dorfzentrum stehen. Diese Langhäuser haben je einen Eingang im Süden und im Norden. Der südliche ist der Haupteingang und weist zwei Bänke auf, auf denen Besucher begrüsst werden und die Oberhäupter Fragen von öffentlichem Interesse erörtern oder sich abends unterhalten. Der nördliche Eingang ist für das gewöhnliche Kommen und Gehen der Bewohner bestimmt.

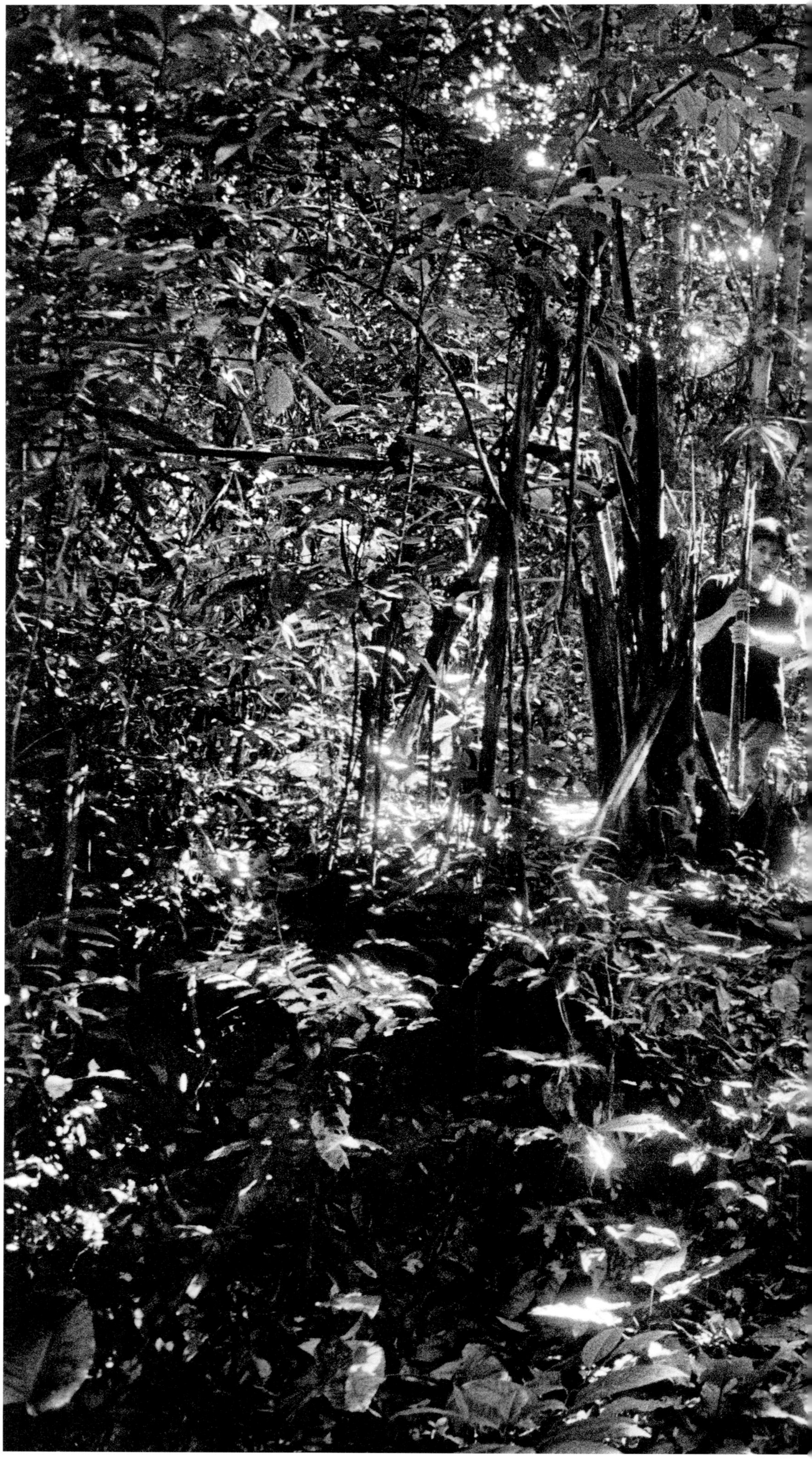

Die Marubo unterteilen die Gesellschaft in 18 Sektionen, die Tiernamen tragen; Ehen müssen mit Personen aus bestimmten Sektionen geschlossen werden, was zu Verbindungen mit Cousins und Cousinen führt. Allerdings heiraten Kinder nie die Kinder der Schwestern der Mutter oder der Brüder des Vaters. Hier sind sie unterwegs, um gemeinsam im Curuçá zu fischen.

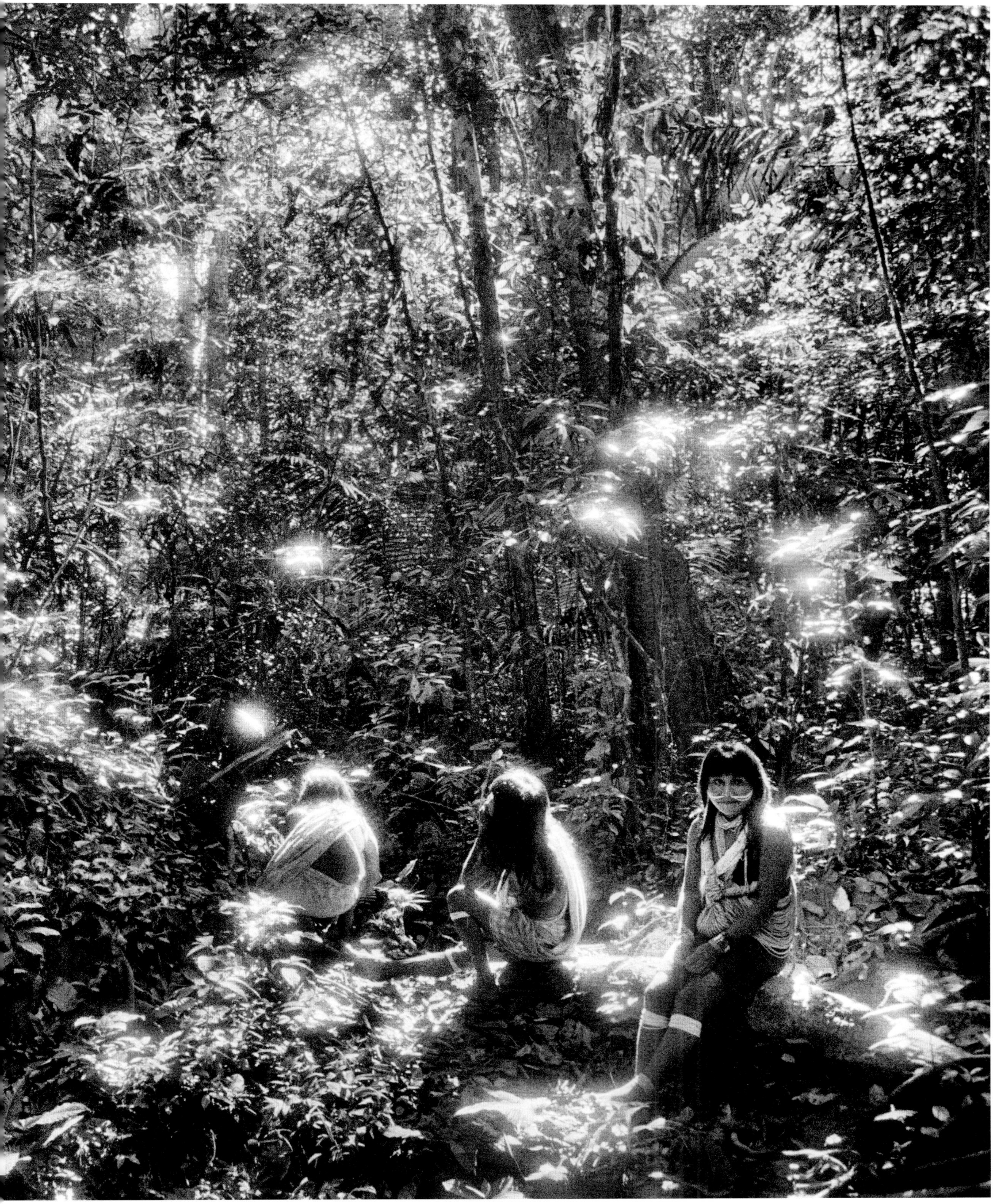

Von links: Aratá Zo'é, Tará Zo'é und Kurupáj Zo'é sammeln im indigenen Schutzgebiet der Zo'é im Bundesstaat Pará Acai-Beeren, die begehrten Früchte der Kohlpalme.

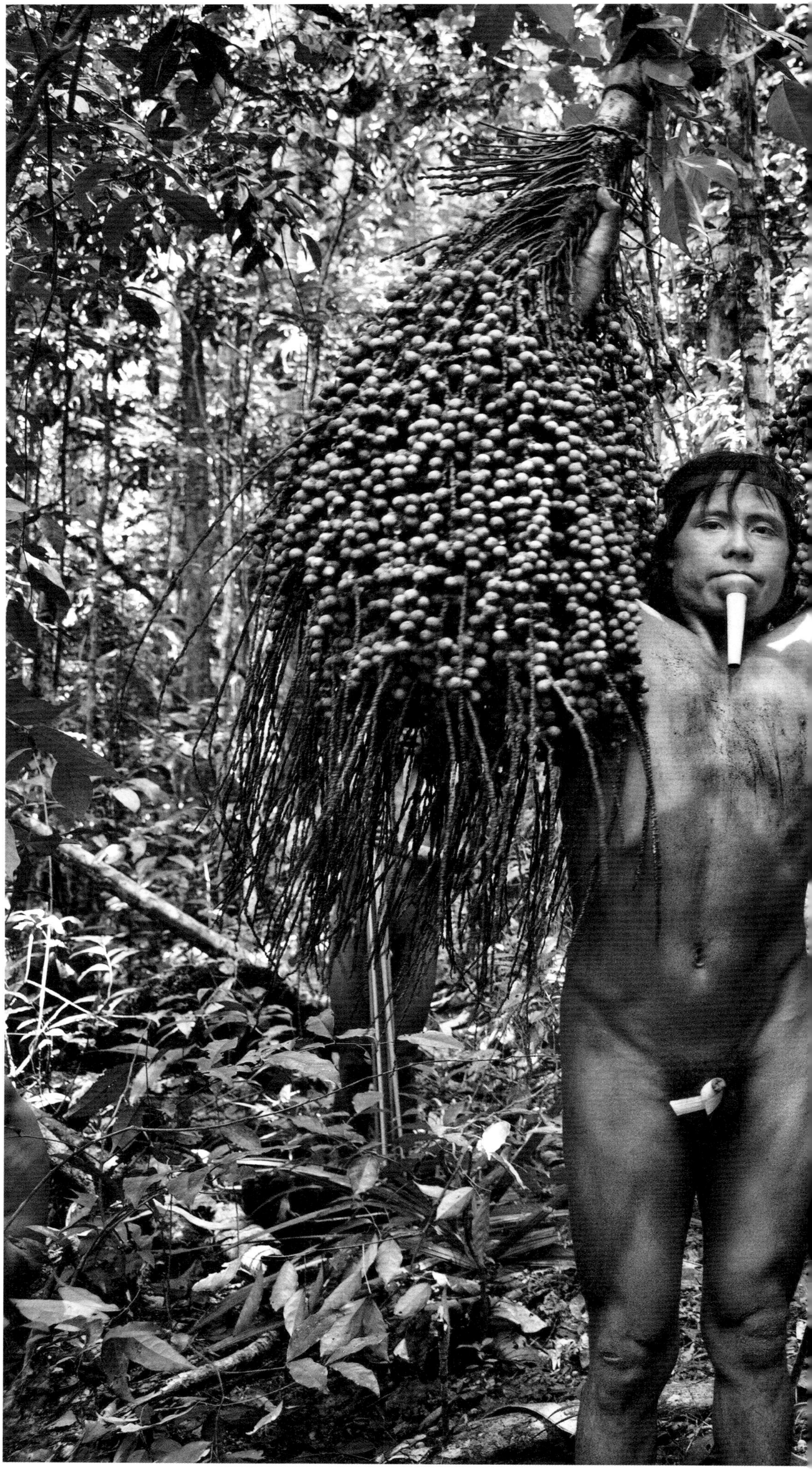

ZO'É

Die Zo'é leben im Bundesstaat Pará in Wäldern nördlich des Amazonas. Sie sind das einzige indigene Volk Brasiliens, das den *poturu* trägt, einen Holzpflock, der in die Unterlippe eingesetzt wird. *Poturu* ist der Name des Holzes, das sie für dieses riesige Piercing, ihr Erkennungszeichen, verwenden. Zu Beginn der Pubertät wird die Lippe der Mädchen und Jungen während einer Initiationsfeier mit einem Knochen durchbohrt und der *poturu* in das Loch gesteckt. Er wird täglich durch einen grösseren ersetzt, bis die gewünschte Grösse erreicht ist.

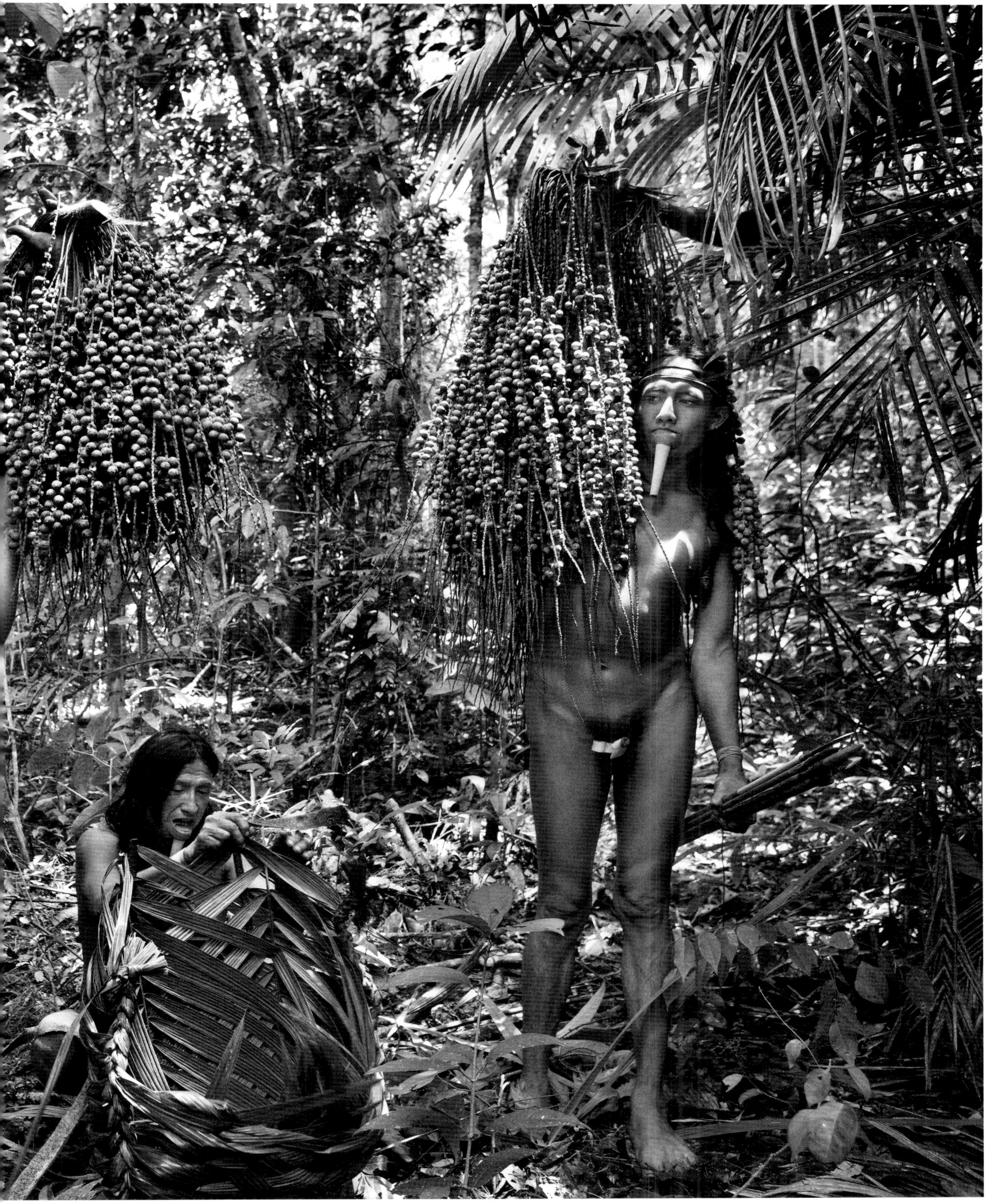

Vier Frauen der Zo'é vergnügen sich bei einem Bad in den Stromschnellen des Kiaré unweit ihres Dorfes Kejã. Von rechts: Kujãikwét, Tatytú, Bohé und eine weitere Frau.

Mit dem Grashüpfer ins Paradies

Im Jahr 2009 lebte Sebastião Salgado für zwei Monate mit den Zo'é. Er traf auf ein Volk, das erstaunliche Vorstellungen von den Zyklen des Lebens hat und in engen Beziehungen zu den Tieren des Waldes lebt.

Text **LEÃO SERVA** Bilder **SEBASTIÃO SALGADO**

Im Norden des Bundesstaates Pará erhebt sich das Land von einer Ebene zu einem Gebirgszug, der Brasilien von seinen nördlichen Nachbarn (Venezuela und die Guyanas) trennt. Es kostet viel Mühe, diese Berge zu erklimmen, gegen die Flut der schnell fliessenden Flüsse zu paddeln, die in Stromschnellen die Hänge des Gebirges hinunterfliessen, oder durch dichte Wälder zu laufen, die wie eine grüne Wand wirken. Für eine Strecke von etwa 290 Kilometern, die mit einem Kleinflugzeug in etwas mehr als einer Stunde zurückgelegt werden kann, benötigt man mit dem Boot oder zu Fuss etwa 25 Tage.

Dort, im Gebiet zwischen den Flüssen Cuminapanema und Erepecuru (oder Paru de Oeste), wanderten die Indigenen, die heute Zo'é genannt werden, aus dem Hochland ein und lebten dort für über sechzig Jahre versteckt vor anderen Völkern und der Zivilisation. Es war allerdings keine Zeit der absoluten Isolation. Sie hatten zwischen den 1920er-Jahren, als sie sich in der Region niederliessen, und den 1980er-Jahren, als sie auf evangelikale Missionare trafen, die in ihre Dörfer vordrangen, allerdings nur wenige Kontakte mit Quilombolas (Gemeinschaften, die von schwarzen Sklaven abstammen, die zur Zeit der Sklaverei in den Dschungel geflohen waren) oder anderen indigenen Gruppen in der Region. Es waren die Ordensleute der Mission der neuen Stämme Brasiliens (MNTB), die den Indigenen den Namen Zo'é gaben. Zuvor waren sie nur als «Isolierte aus Cuminapanema» bekannt, als sie von Zeit zu Zeit von Piloten, die die Region überflogen, gesehen wurden.

Ihre Isolation brachen sie, wie gesagt, nur sporadisch. Man kann das an bestimmten Dingen erkennen. Schon in den 1980er-Jahren besassen die Zo'é Metallgegenstände, die sie wahrscheinlich von den Quilombolas erhalten hatten; ihre Tupi-Sprache enthält Wörter, die sie von den Sprachen benachbarter Gruppen übernommen haben. Und sie kannten die Namen, die die Weissen den Flüssen in ihrem Territorium gegeben haben. Wohl von einer Zo'é-Frau, die in den 1950er-Jahren von Weissen in die Stadt Santarém gebracht wurde und von dort wieder zu ihrem Volk zurückkehrte.

Die Zo'é sind Tupi-Indianer, wie die Guaraní von Mato Grosso do Sul, Rio Grande do Sul und mehreren Küstenstaaten; wie die Tupinambá und die Tupiniquim, die mit den ersten Portugiesen, die in Brasilien ankamen, koexistierten. Oder wie so viele Nachfahren der ersten Tupi, die vor etwa 6000 Jahren die Region verliessen, in der heute der nördliche Bundesstaat Rondônia liegt. Seitdem sind ihre Nachkommen in den verschiedensten Ecken Brasiliens präsent.

Wie Christen und Juden glauben auch die Zo'é, dass die Welt in einer fernen Zeit von einer globalen Flut überschwemmt wurde. Aber in ihrer Mythologie kam die grosse Flut, nachdem ein Feuer den gesamten Planeten versehrt hatte. Bei dieser Zerstörung durch Feuer und Wasser blieben von der Menschheit nur ein paar Knochen übrig. Indem er die Überreste aufsammelte, schenkte der mythologische Held Nipuhan den Zo'é neues Leben. Für sie ist das Leben durch aufeinanderfolgende Zyklen von Anfang und Ende gekennzeichnet, ohne dass von einem ersten Anfang berichtet wird.

Eine Sache in dieser Erzählung ist höchst erstaunlich: Nipuhan war ein *kirahi*, ein weisser Mann, der aus dem Süden kam. Bei der Wiederbelebung des Zo'é-Volkes konnte der Held die Weissen allerdings aussparen: Sie hatten die Kataklysmen überlebt, weil sie weit weg wohnten. In den Erzählungen anderer amazonischer Völker betraten die Weissen die Region immer nach dem Anbeginn der Welt, hier waren sie deren Gründer.

In den Geschichten der Zo'é vermischen sich ferne Vergangenheit und jüngere Ereignisse. So ist ihr Territorium zwischen den Flüssen Erepecuru und Cuminapanema laut ihren Erzählungen durch zwei Völker begrenzt, mit denen sie verfeindet sind. Im Westen durch die Apam, «übernatürliche» Kannibalen, die schon seit

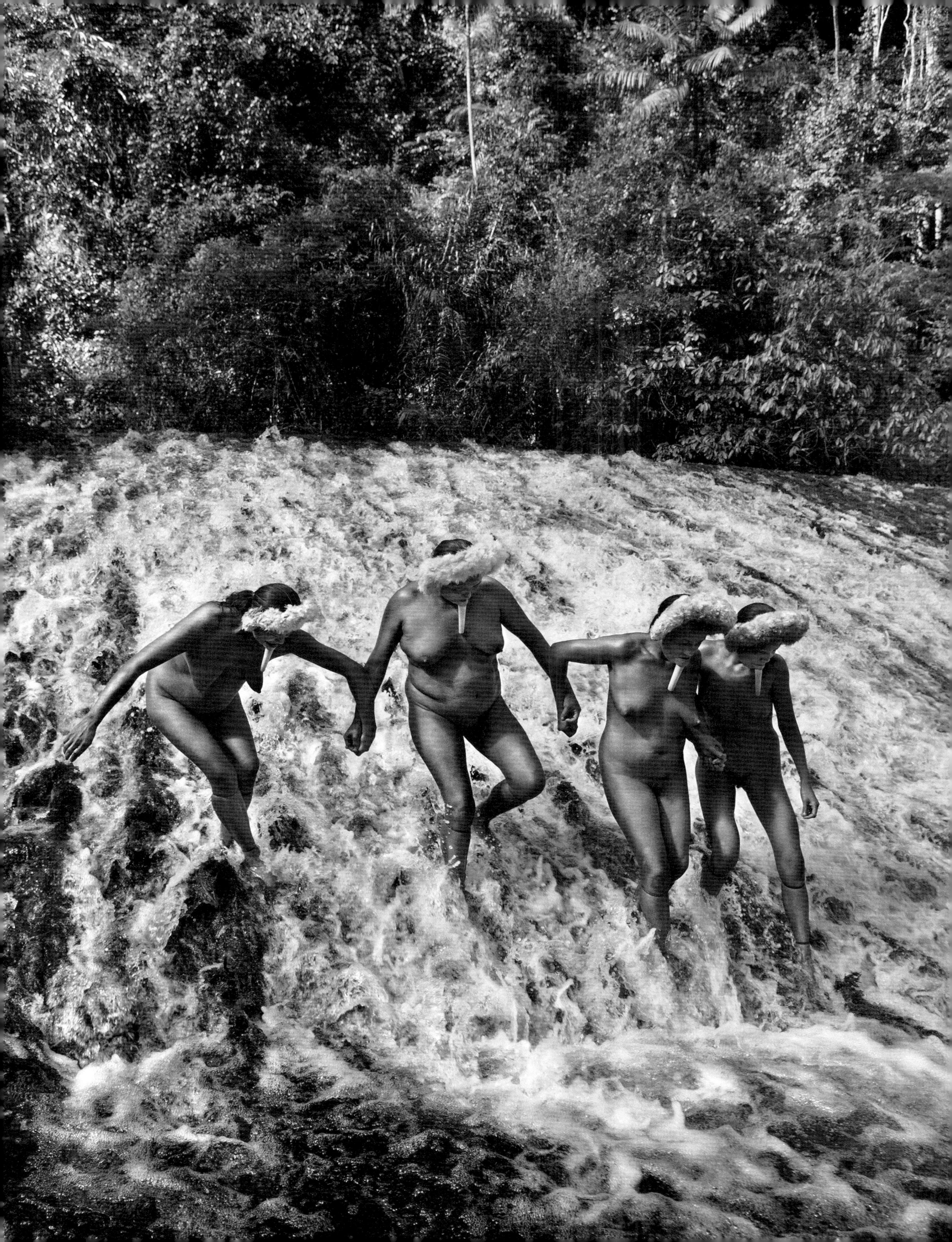

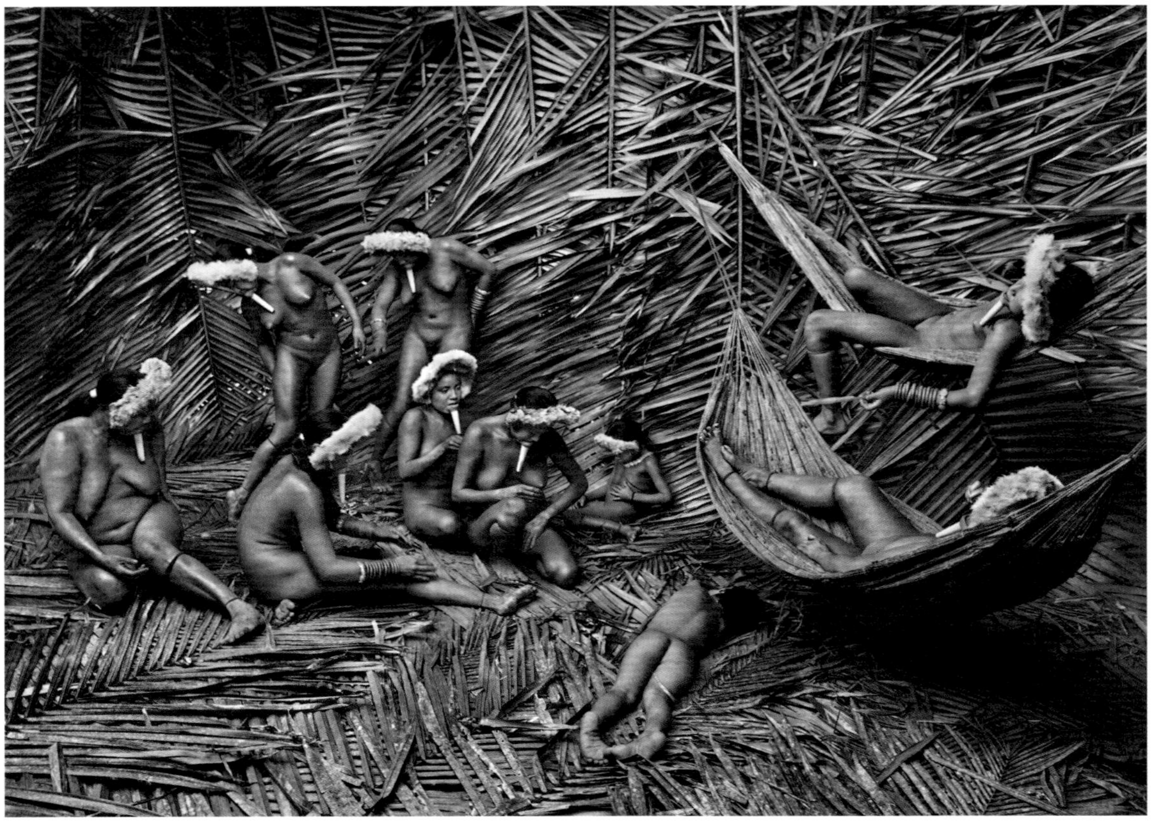

Debú Zo'é, Seí Zo'é, Araturú Zo'é, Seró Zo'é und ein Mädchen, sitzend von links, sowie Husã raijýt Zo'é und Musã raijýt Zo'é, dahinter stehend, bemalen sich mit Annatto. Die Zo'é sind polyandrisch (Frauen haben mehrere Ehemänner) und polygam (Männer haben mehrere Ehefrauen). Sie sind überzeugt, dass ein und dasselbe Paar nur drei Kinder gemeinsam haben kann. Um sich weiter zu vermehren, wechseln sie deshalb den Ehepartner oder die Ehepartnerin.

sehr langer Zeit dort hausen. Im Osten durch die Tapy'yj (ausgesprochen «tapã-í»), die in jüngerer Zeit erschienen, um Zo'é-Territorium zu erobern oder Frauen zu stehlen. Bei ihren Angriffen verwenden sie Keulen, deswegen nennen sie die Zo'é auch «Kopfknacker». Bis heute kann niemand sagen, ob es die beiden Stämme tatsächlich gab oder heute noch gibt. Die Tapy'yj bezeichnen die Zo'é jedenfalls als Menschen, die nicht wie die Apam übernatürlich sind.

Wie andere Kulturen auch, glauben die Zo'é, dass der Kosmos aus vielen Himmeln und Erden besteht, «wie gestapelte Scheiben», so beschreibt die Ethnologin Dominique Gallois dieses Weltbild. In einem dieser Himmel befindet sich das Dorf der Toten. Es kann in Träumen von den Lebenden besucht werden. Von den Toten lernen sie Lieder und Geschichten kennen.

Wie viele andere Völker Amerikas glauben die Zo'é zudem, dass am Anfang der Zeit viele Tiere Menschen waren, etwa Jaguare. Weil Tiere diesen menschlichen Anteil in sich tragen, huldigen die Indigenen ihnen nach der Jagd. So werden tote Wildschweine nach ihrer Ankunft als Ehrengäste des Banketts angesehen, bei dem sie dann allerdings verspeist werden.

Trotz dieser alten Verbundenheit stellen Tiere natürlich auch eine grosse Gefahr für die Indigenen dar. Ihr Leben wird aber nach ihrer Vorstellung ebenso von unsichtbaren Geistern im Wald bedroht. Sie bewirken Krankheiten. Aus diesem Grund ist die traditionelle Medizin der Zo'é überwiegend prophylaktisch und zielt darauf ab, die Menschen vor den Angriffen dieser gefährlichen Wesen zu schützen.

Sebastião Salgado verbrachte zwei Monate mit den Zo'é. Es war eine der längsten Expeditionen, die er für seine Projekte *Genesis* und *Amanzônia* unternahm. «Ich war im Paradies angekommen», sagt er. Während seines Aufenthalts im Jahr 2009 konnte der Fotograf alle Dörfer besuchen, in denen die damals etwa 300 Einwohner lebten. Er beobachtete den Alltag der Familien, die Feldarbeit, die Jagd und den Fischfang. Er ging bis an die entferntesten Grenzen des Territoriums, als er zwei Fischercamps an den Flüssen Cuminapanema und Erepecuru besuchte. Als er auf einer Insel am Cuminapanema campierte, sagte er erstaunt zu seiner Übersetzerin, der Linguistin Ana Suelly: «Wir sind sicher die ersten Weissen, die auf dieser Insel gelandet sind, was für ein Trip.»

«Ich hatte einen neuen Freund dabei, der mich während der gesamten Reise begleitete, er hiess Ipó», erinnert sich der Fotograf. «Er hat mich immer auf die Gefahren des Waldes aufmerksam gemacht, vor allem Jaguare. Ein paar Wochen vor meiner Ankunft hatte ein Jaguar zwei Männer angegriffen und einen getötet. Sie organisierten einen Jagdtrupp, um das Raubtier zur Strecke zu bringen. Bis dahin ohne Erfolg. Deshalb begleiteten mich, wenn ich von einem Dorf zum anderen ging, immer mehrere Leute.»

Die Region birgt noch eine weitere Gefahr: die Schlangen. «Ipó liess mich nie vorausgehen, weil es dort viele giftige Jararacussus gibt. Wenn er eine Schlange sah, traf er sie mit einem Pfeil mit beeindruckender Treffsicherheit genau vier Fingerbreit unterhalb ihres Kopfs.»

Und eine weitere Sache erstaunte Salgado im Hinblick auf das Verhältnis der Zo'é zu Tieren: «Sie züchten Pekaris, sehr aggressive Schweine, wie Haustiere. Ich sah einen Mann, der eines dieser wilden Tiere in der Nähe des Eingangs wie einen Wachhund hielt.» Da der Einfluss der Weissen nur gering und relativ neu ist, haben die Ureinwohner die Gewohnheit, Hunde zu züchten, nie übernommen.

Ana Suelly sagt, dass die Tupi-Indianer im Allgemeinen, mehr noch als andere Völker, Haustiere lieben. «Sie züchten alles ausser Fischen. Ich habe sogar Baby-Alligatoren gesehen, die den Kindern zum Spielen gebracht wurden.» Deshalb, erklärt sie, haben die Portugiesen von ihnen das Wort *xerimbabo* übernommen, was «Zucht-

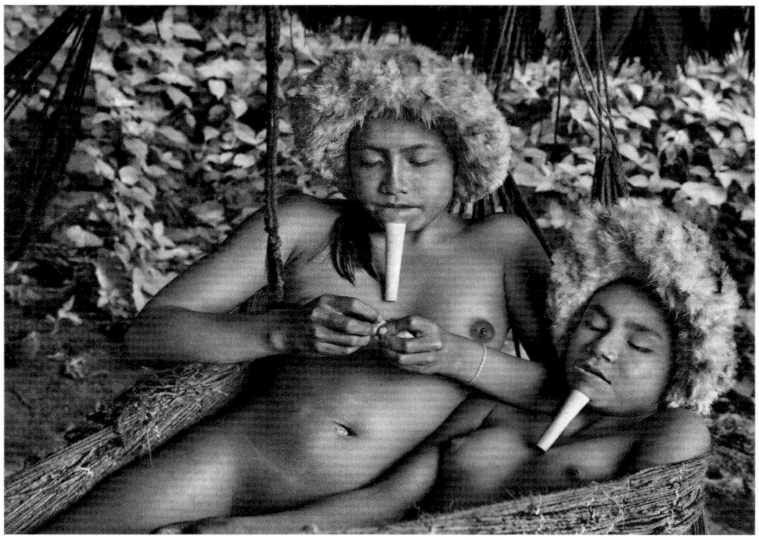

Tamuatá Zo'é und Kujäikwét Zo'é liegen tagsüber in einer Hängematte. Die Hängematten werden ständig benutzt, nicht nur zum Schlafen, sondern auch tagsüber, etwa zum Essen.

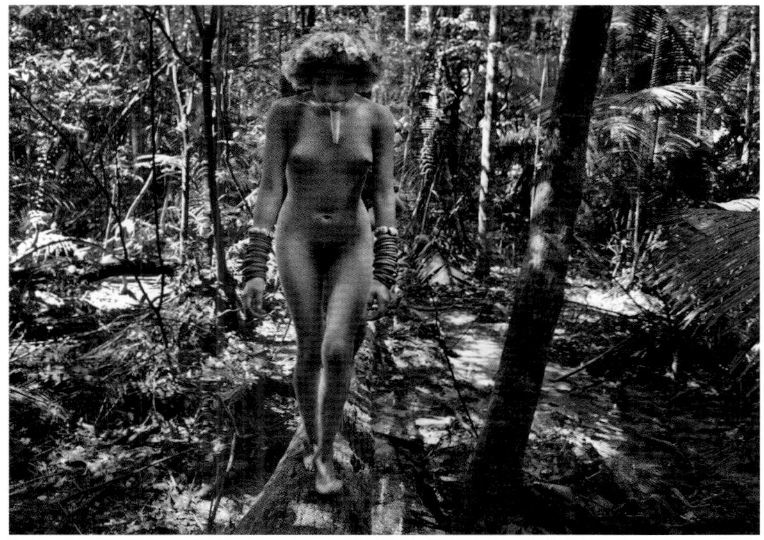

Kujäikwét Zo'é kommt vom Fischfang am Cuminapanema zurück. Das Territorium der Zo'é ist zu Wasser oder über Land nur schwer zu erreichen. Für die etwa 300 Kilometer lange Strecke zwischen dem Amazonas und der Zo'é-Region, die mit einem einmotorigen Flugzeug in etwas mehr als einer Stunde bewältigt werden kann, benötigt man per Boot oder zu Fuss bis 25 Tage.

tiere» bedeutet. Normalerweise adoptieren sie als Zeichen der Anerkennung die Jungen der erlegten Tiere, die durch ihren Tod zur Verpflegung des Stammes beigetragen haben. Die Jungtiere erhalten deshalb besondere Zuneigung. Das gilt auch für die Welpen der gefürchteten Jaguare. Salgado berichtet von einem Mann namens Kiapô, der zu Hause einen Jaguar aufzog.

Ein weiteres Zeichen des Respekts vor der Beute vollzieht sich, wenn die Jäger wieder im Dorf ankommen. Wenn sie etwa ein Pekari (das sie *porcão*, grosses Schwein, nennen) erlegt haben, dessen Fleisch sehr geschätzt wird, lassen sie das Tier tot auf dem Dorfboden liegen und stecken ihm eine Kastanie in den Mund, eine Delikatesse, die die Schweine lieben. Der Jäger flüstert ihm ins Ohr: «Geh, Schwein, ich gebe dir diese Nahrung, damit du beim nächsten Mond wiederkommen kannst.»

Selbst die Königsgeier, die sie aufziehen, um deren weisse Federn für die Frisuren der Frauen zu verwenden, werden behandelt, als wären sie Familienmitglieder: «Die Männer sprechen voller Respekt von den Geiern, weil sie so hoch fliegen können, angeblich den Menschen das Feuer vom Himmel brachten und genau wissen, wo Wild zu finden ist», erzählt Ana Suelly.

Die Beziehung zu den Geiern blieb auch Salgado in Erinnerung: «Die Zo'é lieben zwei Vögel, den Falken und den Königsgeier, und sie lieben es, sich Geschichten zu erzählen. Nachts am Feuer tauschen sie deswegen immer wieder Geschichten über diese beiden Tiere aus, die sie auch oft wiederholen.»

Eine weitere unvergessliche Szene für den Fotografen fand zum Zeitpunkt des Abschieds statt. Ein Hubschrauber kam, um Salgado abzuholen und ihn in das etwa 70 Kilometer nördlich gelegene Tumucumaque-Indioland zu bringen, das von den Tiriyó bewohnt wird. Als er das Flugzeug kommen sah, sagte Ipó zum Fotografen: «Es ist ein *tukuruhu*, ein Grashüpfer.» Auf die Frage, warum er den Vergleich machte, erklärte er: «Flugzeuge schlagen beim Sinkflug auf den Boden auf und rutschen aus. Der *tukuruhu* landet.» Dann stiegen die Piloten mit ihren Helmen und riesigen Schutzbrillen aus dem Flugzeug: «Ipó bekam Angst und sagte mir: ‹Salgado, das sind keine Menschen, das sind Fliegen.›» So verliess Sebastião Salgado auf einem riesigen Grashüpfer, gesteuert von Fliegen, das Paradies, zurück ins Land der Nicht-Indigenen.

Leão Serva, 1959 in São Paulo geboren, ist Journalistischer Direktor bei TV Cultura, einem brasilianischen öffentlich-rechtlichen Sender. Serva war Kriegsberichterstatter in Bosnien, Angola, Somalia, Mosambik und Kuwait und ist Autor mehrerer Bücher, darunter *War, Warburg And the World War I Press Photos* (2020). Seit 1992 berichtet er über indigene Völker im Amazonasgebiet und begleitet seit 2017 die Expeditionen des Amazonasprojekts von Sebastião Salgado. Er trägt einen Doktortitel in Kommunikation und Semiotik von der Katholischen Universität (PUC) von São Paulo.

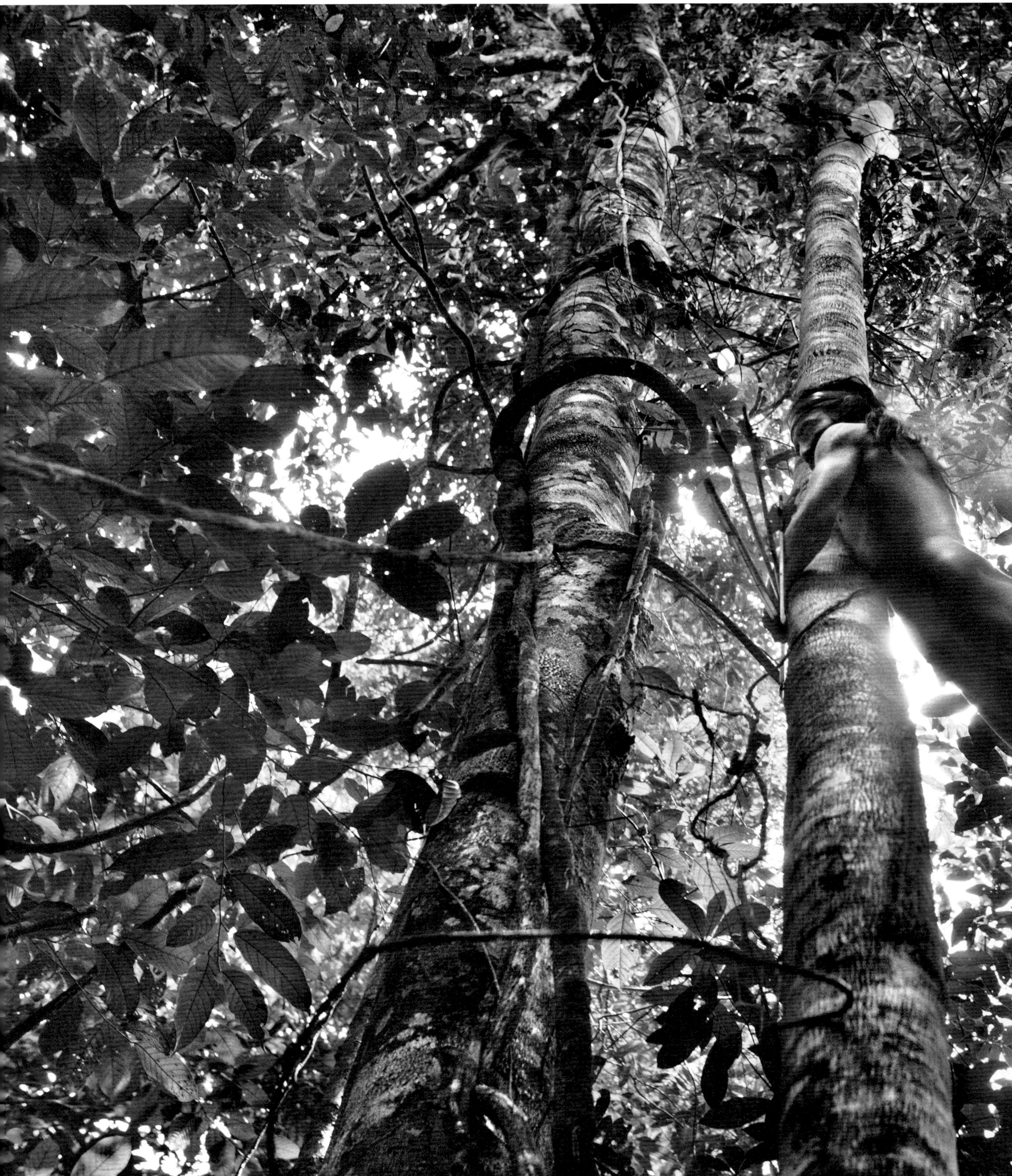

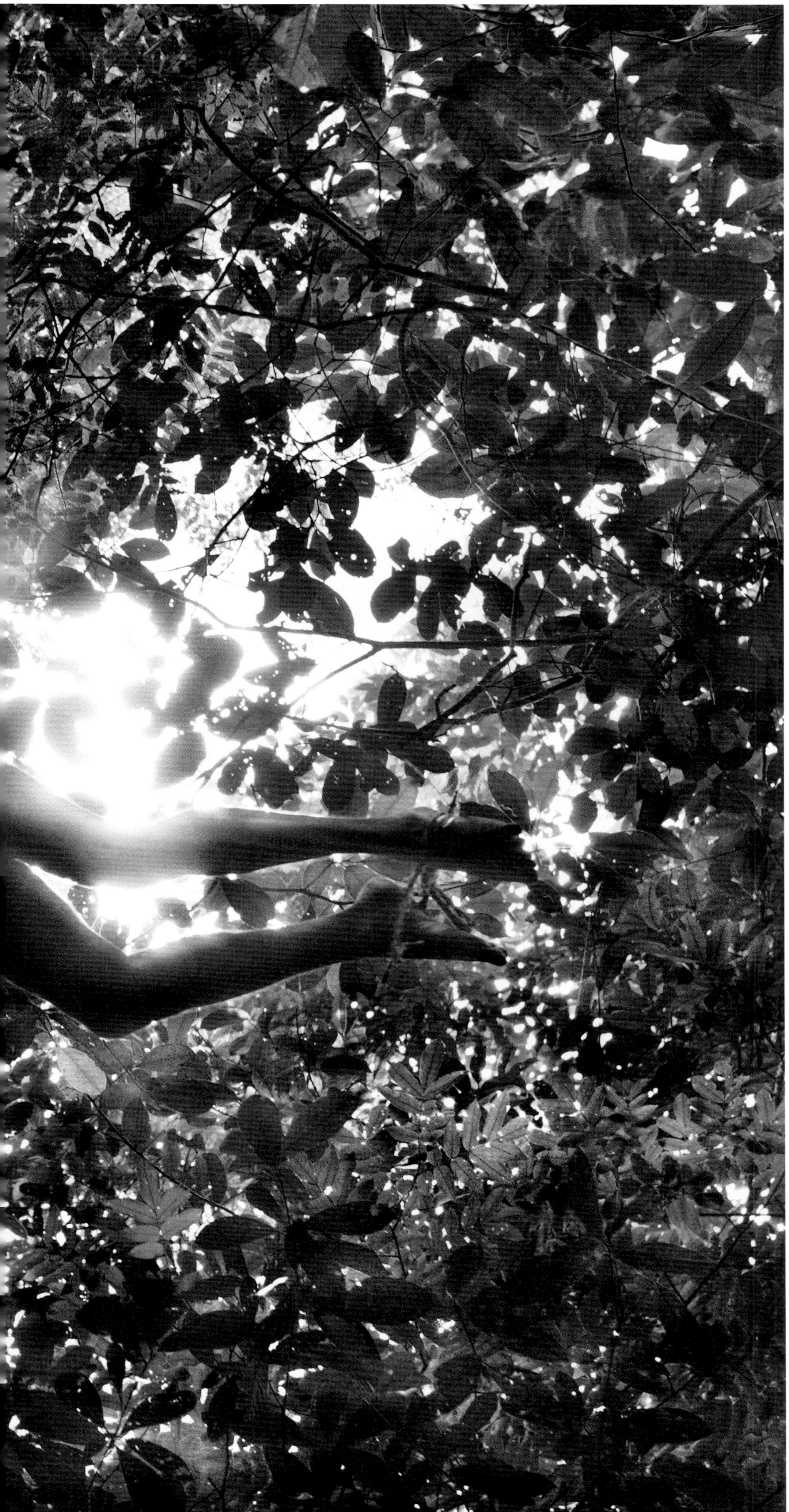

Kurupáj Zo'é jagt Affen. Da das Tier, wenn es getroffen wird, selten auf den Boden fällt, muss der Jäger auf den Baum klettern, um es zu holen. Manchmal ist der Affe nur verwundet, und der Jäger muss ihn in den Ästen töten. Die Jäger klettern mit Pfeil und Bogen nach oben, um dort die Jagd fortzusetzen. Auf dem Bild ist Kurupáj im Begriff, von einem Baum auf den nächsten zu springen, weil seine Beute, ein Affe, geflohen ist.

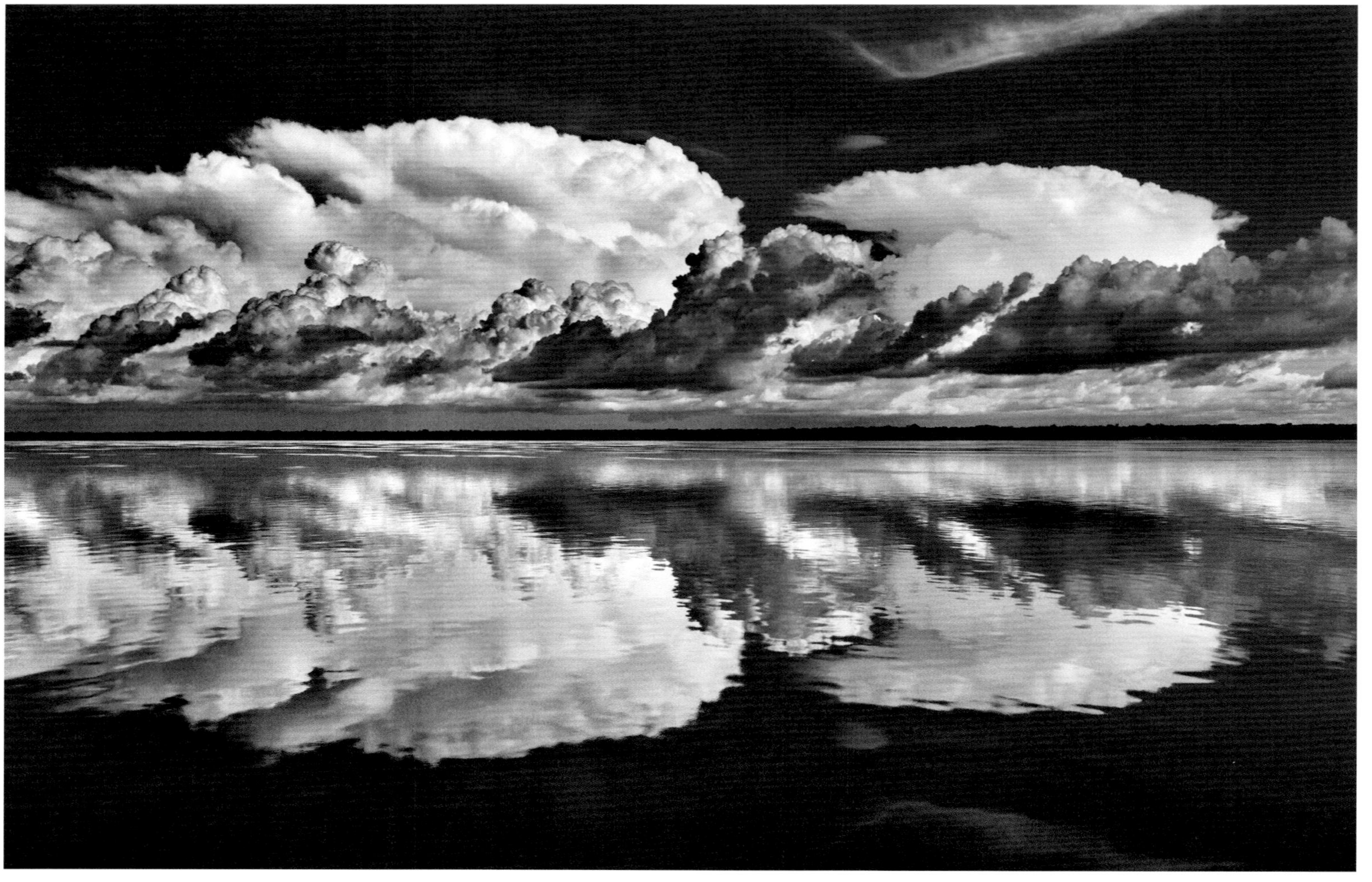

Dem Ende nahe?

Der Amazonas-Regenwald ist für die Ökosysteme in ganz Südamerika von unschätzbarer Bedeutung. Er sorgt durch seine «fliegenden Flüsse» für Regen, Feuchtigkeit und Kühle. Sebastião Salgado hat sie als Erster auf seinen Bildern festgehalten. Doch diese Flüsse drohen zu versiegen.

Text **LEÃO SERVA**

Das Amazonasgebiet ist riesig, grossartig, bewundernswert, prächtig, mit unglaublichen Dimensionen. Mit seinen 5,5 Millionen Quadratkilometern ist es grösser als die gesamte Europäische Union; wenn es ein Land wäre, wäre es das siebtgrösste der Welt. In Brasilien nimmt es die Hälfte der Landesfläche ein. Der Fluss, der ihm seinen Namen gab, ist mit knapp 7000 Kilometern der längste der Erde. In fast seinem gesamten Verlauf kann man von einem Ufer aus das andere nicht sehen. Viele Urwälder wurden in der Vergangenheit zerstört oder in den letzten Jahrhunderten reduziert, wirklich überlebt hat nur das Amazonasgebiet als grösster Wald der Welt.

Der Druck auf den Wald jedoch immens. In Brasilien sind nach 50 Jahren fortschreitender und ständiger Zerstörung etwa 20 Prozent des Waldes verschwunden; weitere 10 Prozent sind «degradiert» (in einem Stadium, in dem sich das Ökosystem früher noch erholte, aber nun letztlich nur noch abgeholzt werden kann), und 70 Prozent des Waldes verbleiben weitgehend unberührt. Es ist ein gefährlicher Moment, wie der Klimatologe Carlos Nobre warnt. Heute ist die Trockenzeit drei bis vier Wochen länger und die Temperatur im Durchschnitt vier Grad höher als früher. Wir steuern schnell auf den Zusammenbruch des Amazonassystems zu, das von einem Wald bestimmt wird, der einen grossen Teil des Kontinents mit Regen versorgt und für die Feuchtigkeit und die Kühlung der tropischen Region verantwortlich ist; auf anderen Kontinenten verwüsten diese tropischen Regionen. Es ist der Amazonas, der verhindert, dass Gebiete wie São Paulo, Paraná und Santa Catarina wie ihre Gegenstücke auf anderen Kontinenten veröden.

Seiten 74 und 76/77: Das Mariuá-Archipel im mittleren Rio Negro im Bundesstaat Amazonas.

Seiten 78/79: Der Uraricoera schlängelt sich durch den Wald des Parima-Waldreservats im indigenen Schutzgebiet der Yanomami im Bundesstaat Roraima.

Seiten 80/81: Die starken Winde des Atlantiks dringen auf den Kontinent vor und überqueren das Amazonasgebiet in der Region des Monte Roraima im äussersten Norden Brasiliens. Der Wind verdichtet die durch die aufgestiegenen Dunstschwaden schwer gewordenen Wolken und lässt den «fliegenden Fluss» entstehen, der die Feuchtigkeit über Tausende von Kilometern hinweg transportiert.

Auf etwa sechzig Prozent der Fläche des sogenannten Amazonasbeckens, in dem alle Gewässer in den Amazonas fliessen, erstreckt sich eine riesige Ebene, die so weitläufig und absolut flach ist, dass einer der grössten Schriftsteller der brasilianischen Literatur, Euclides da Cunha, bei ihrem Anblick eine «tiefe Melancholie» angesichts des «weiten, wunderbaren Landes» empfand, in dem «die Senkrechte fehlt», wie er 1906 schrieb. Mehr als ein Jahrhundert nach Euclides da Cunha zeigen Sebastião Salgados Fotos ein anderes Amazonien, mit Reliefs, die ebenso beeindruckend sind wie die Unermesslichkeit der Ebene: die höchsten Berge Brasiliens, eine «vertikale Linie», die der Schriftsteller nicht kennengelernt hat.

Der Amazonas hat ebenso viel Wasser im Himmel wie in den Flüssen, die das Gebiet durchziehen. Von der brasilianischen Wissenschaft wird das Phänomen «fliegende Flüsse» genannt, aufgrund der Wassermenge, die vom Atlantik in den Kontinent transportiert wird, durch den Windkorridor, der die Guyanas und die nördliche Region Brasiliens, hauptsächlich Roraima und Amazonas, durchquert. Auf dem Festland überschwemmen die «fliegenden Flüsse» den Wald und ernähren sich von der Evapotranspiration, die von den etwa 400 bis 600 Milliarden Bäumen im Amazonasgebiet erzeugt wird. Bäume mit Kronen von 10 bis 20 Metern Durchmesser «schwitzen» zwischen 300 und 1000 Liter Wasser pro Tag aus, die von den feuchten Winden in eine Höhe von 2000 bis 4000 Metern getragen werden.

Diese Passatwinde stossen auf die Anden. Von dort ziehen sie in einer kreisförmigen Bewegung in den Norden von Argentinien und Uruguay sowie in den Süden und Südosten von Brasilien. Die Menge des bewegten Wassers wird auf etwa 20 Milliarden Liter geschätzt.

Das von den brasilianischen Wissenschaftlern José Marengo und Antonio Donato Nobre zwischen 2006 und 2010 entdeckte Phänomen erklärt die Regenfälle in diesen südlichen Regionen Südamerikas, in Breitengraden, die auf anderen Kontinenten Wüstenland sind. Es erlaubt uns auch zu verstehen, warum die Dürren im Amazonasgebiet wiederum Dürren in diesen Gebieten vorhersagen: Wenn es dem Wald in der nördlichen Region an Feuchtigkeit mangelt, wie im Jahr 2020 geschehen, tragen die Winde weniger Feuchtigkeit in den Süden und den Südosten.

Die Fotografien, die Sebastião Salgado in verschiedenen Gebieten des Amazonas produzierte, sind ein «journalistischer Scoop», der das Phänomen deutlich zeigt, von den kleinen Zeichen der Verdunstung, die wie Baumwollbüschel über dem dunklen Dschungel aussehen, bis sie sich in tief hängenden Wolken zusammenfinden und grosse, scharfe Adern der Feuchtigkeit bilden, die wie ein weisser, fliegender Fluss ihren Weg durch die Luft nehmen. Paradoxerweise wird der Nutzen, den der Wald so bringt, durch die vorherrschende Wirtschaft in der Region nicht geschützt. Deswegen sind die sich ausbreitenden Wirtschaftszweige im brasilianischen Amazonasgebiet kriminelle, die mit der Abholzung und der Veränderung des Klimasystems zu tun haben. Abholzung für Landspekulation, für Rinder- und Sojafarmen oder illegaler Bergbau sind allesamt Verbrechen, die von einflussreichen Geschäftsleuten gefördert werden und die keine Repression durch den Staat befürchten müssen.

Während der Regenzeit roden heute Landräuber illegal Waldgebiete, um der Überwachung durch offizielle Stellen zu entgehen. Früher hörte die Abholzung während der Regenzeit auf und wurde während der Trockenzeit wieder aufgenommen. In letzter Zeit hat sich dieser Zyklus verändert: Die Zugriffe auf öffentliches Land finden am Ende des Jahres statt, wenn Wolken die Region bedecken und eine Satellitenüberwachung unmöglich machen. Versteckt unter den Wolken holzen Landräuber riesige Waldflächen ab und lassen die Reste dort liegen. In der Trockenzeit, die im März beginnt, legen sie Feuer. Diese Brände sehen dann so aus, als wären sie zufällig entstanden, sie sind aber nur Tarnung für das Verbrechen, das Monate vorher begangen wurde.

Ich konnte dieses Vorgehen Ende 2018 in der Region um die Stadt Lábrea (südliches Amazonasgebiet), einem der neuen Hotspots der Zerstörung, beobachten. Durch diese Methode ist der rekordverdächtige Anstieg der Abholzung in den letzten zwei Jahren zu erklären. Die neuesten Daten eines Überwachungsprogramms zeigen, dass die Zerstörung des Waldes zwischen August 2019 und Juli 2020 etwa elftausend Quadratkilometer betrug, das sind zehn Prozent mehr als im Vorjahr, das bisher Rekordhalter des Jahrzehnts war.

Der Amazonas-Regenwald hat seit den 1970er-Jahren knapp ein Fünftel seiner Fläche verloren (genau 17 Prozent). Historisch gesehen, nimmt er die Hälfte des brasilianischen Territoriums ein (genau 49,29 Prozent), aber der Wald leidet unter einer Zerstörung, die sich seit der Regierung von Dilma Rousseff (2011–2016) beschleunigt hat, nachdem in den acht Jahren der Amtszeit von Lula da Silva (2003–2010) ein Rückgang verzeichnet worden war. Heute nähert sie sich dem *point of no return*, der auf etwa 25 Prozent der ursprünglichen Fläche berechnet wird, sagt Nobre. Zu der bereits völlig verlorenen Fläche müssen noch, wie erwähnt, etwa 10 Prozent «degradierte» Flächen hinzugezählt werden. Diese Schädigung ist noch nicht komplett, und das Ökosystem konnte sie in der Vergangenheit ausgleichen, in den letzten Jahren geht sie immer mehr in Richtung völlige Zerstörung. Daher könnte der Untergang des Amazonassystems viel näher sein, als die Vorhersagen der Experten vor Jahren prognostizierten.

Carlos Nobre weist darauf hin, dass neunzig Prozent der Abholzungen illegal sind, vierzig Prozent davon finden auf öffentlichem Land (Land im Besitz des Staates plus Schutzgebiete) statt und dasselbe Ausmass noch einmal auf Privatgrundstücken, deren Besitzer die eigentlich vom Gesetz geschützten Dauerschutzgebiete verbrennen. Die Zerstörung könnte man also stoppen. Aber es braucht Ressourcen, Personal und politischen Willen dazu.

Leão Serva, 1959 in São Paulo geboren, ist Journalistischer Direktor bei TV Cultura, einem brasilianischen öffentlich-rechtlichen Sender. Serva war Kriegsberichterstatter in Bosnien, Angola, Somalia, Mosambik und Kuwait und ist Autor mehrerer Bücher, darunter *War, Warburg And the World War Press Photos* (2020). Seit 1992 berichtet er über indigene Völker im Amazonasgebiet und begleitet seit 2017 die Expeditionen des Amazonasprojekts von Sebastião Salgado. Er trägt einen Doktortitel in Kommunikation und Semiotik von der Katholischen Universität (PUC) von São Paulo.

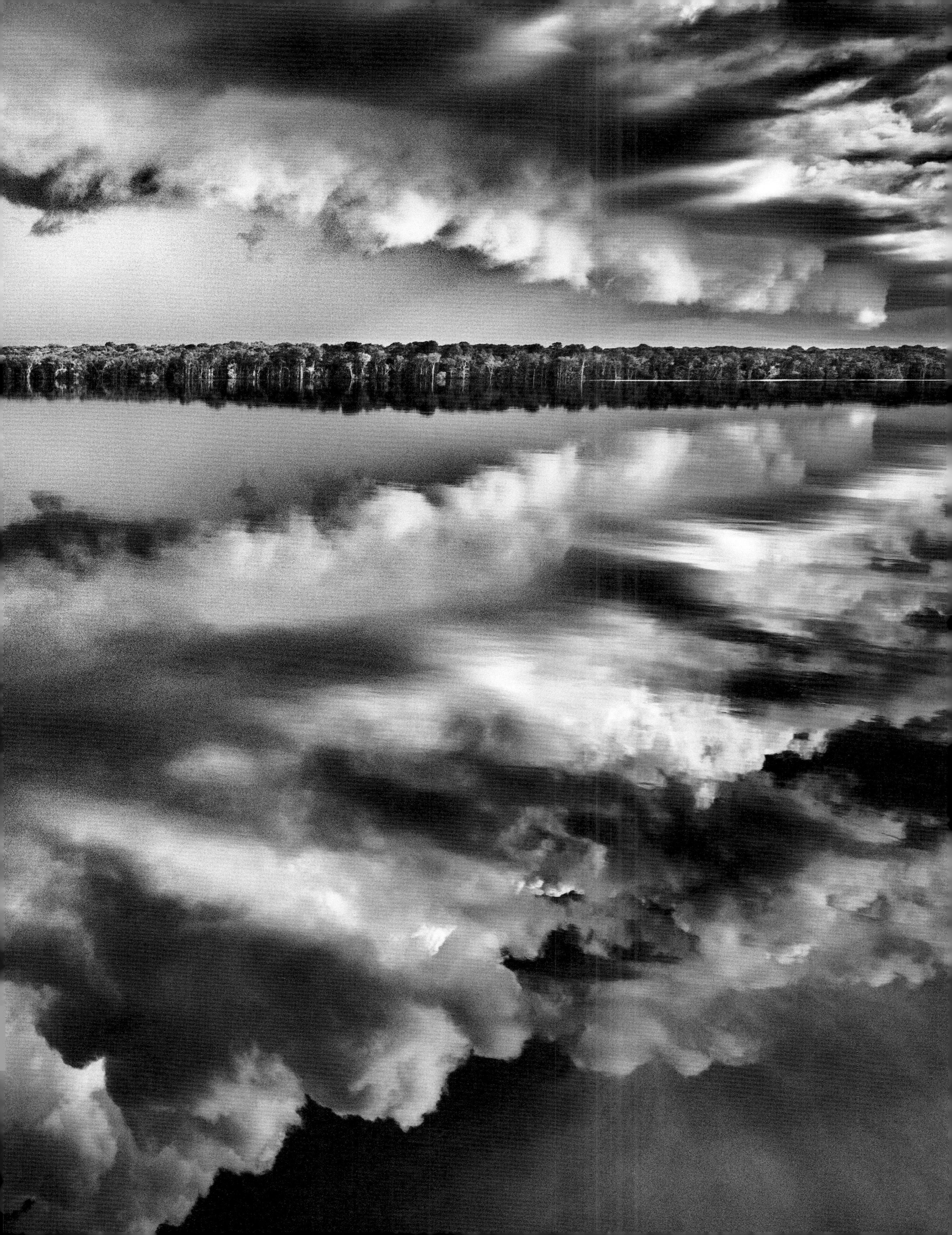

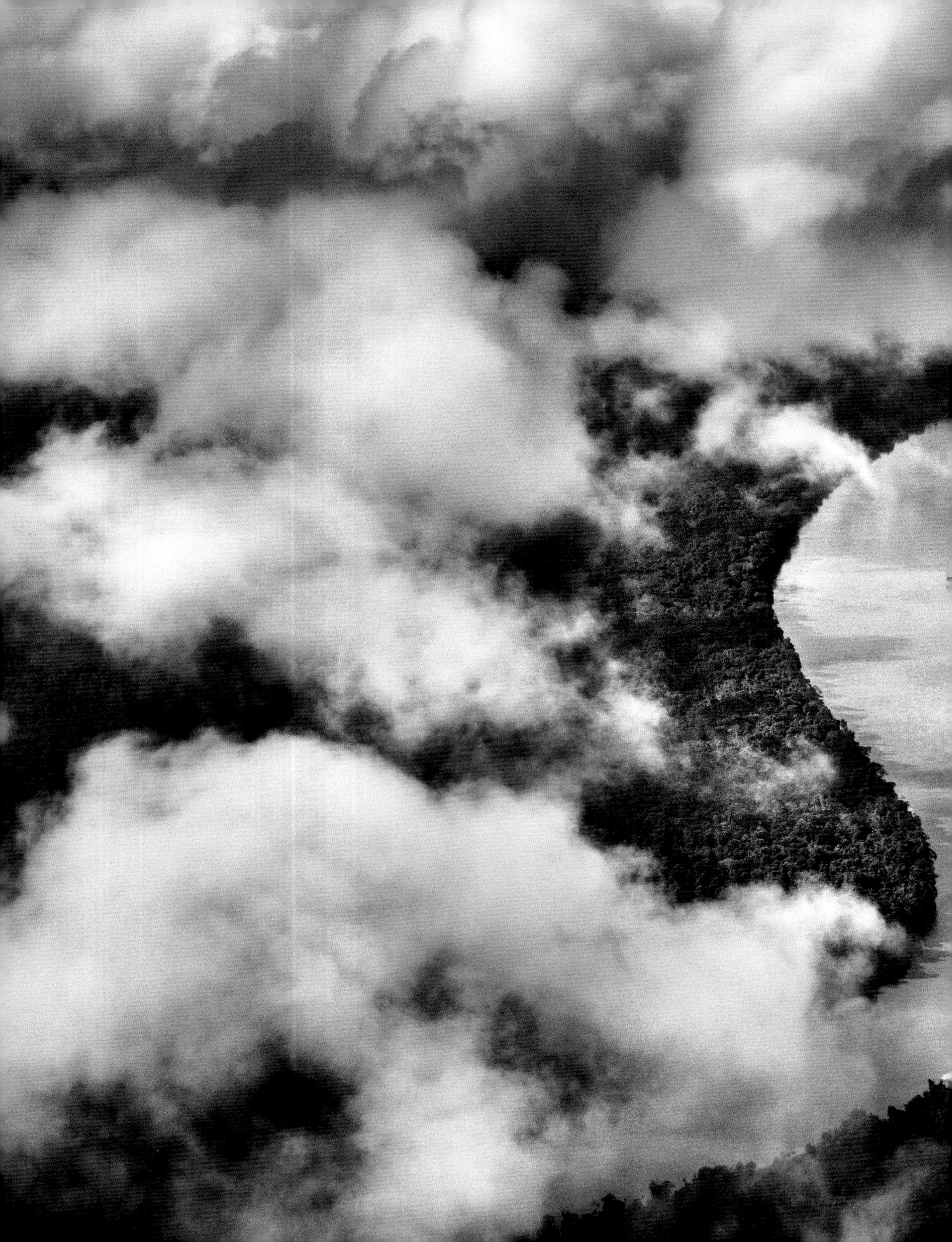

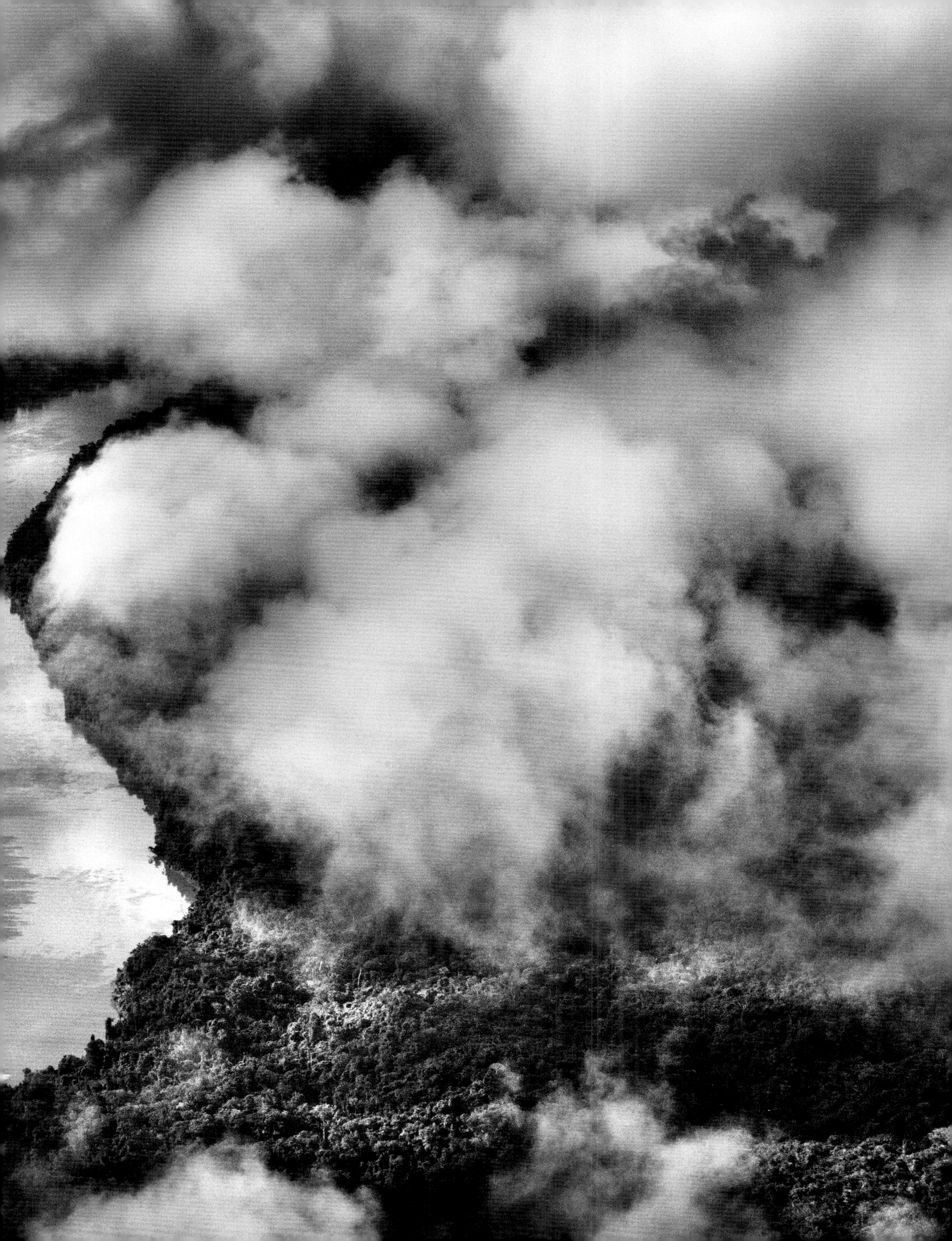

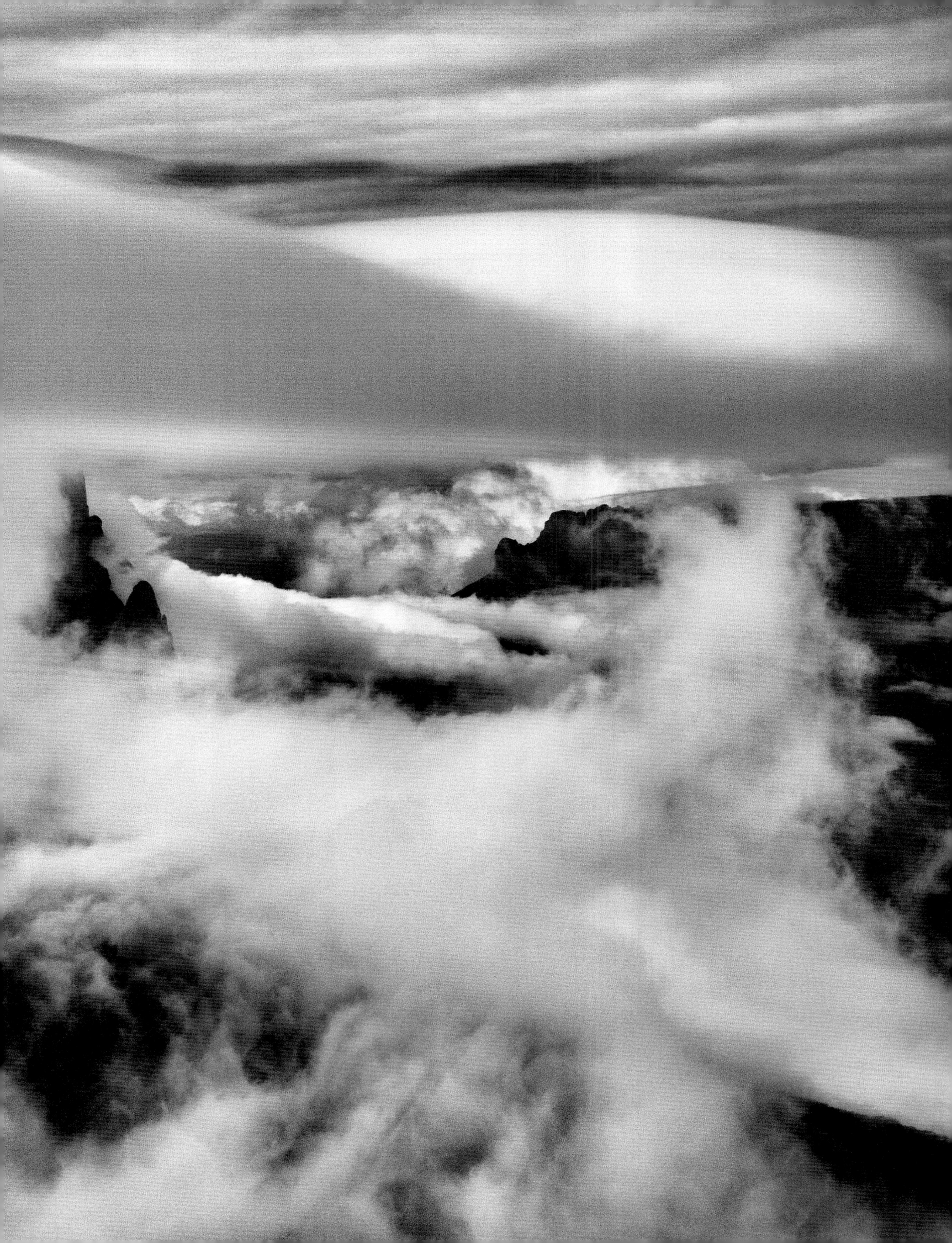

Mit dem Abo keine Ausgabe verpassen

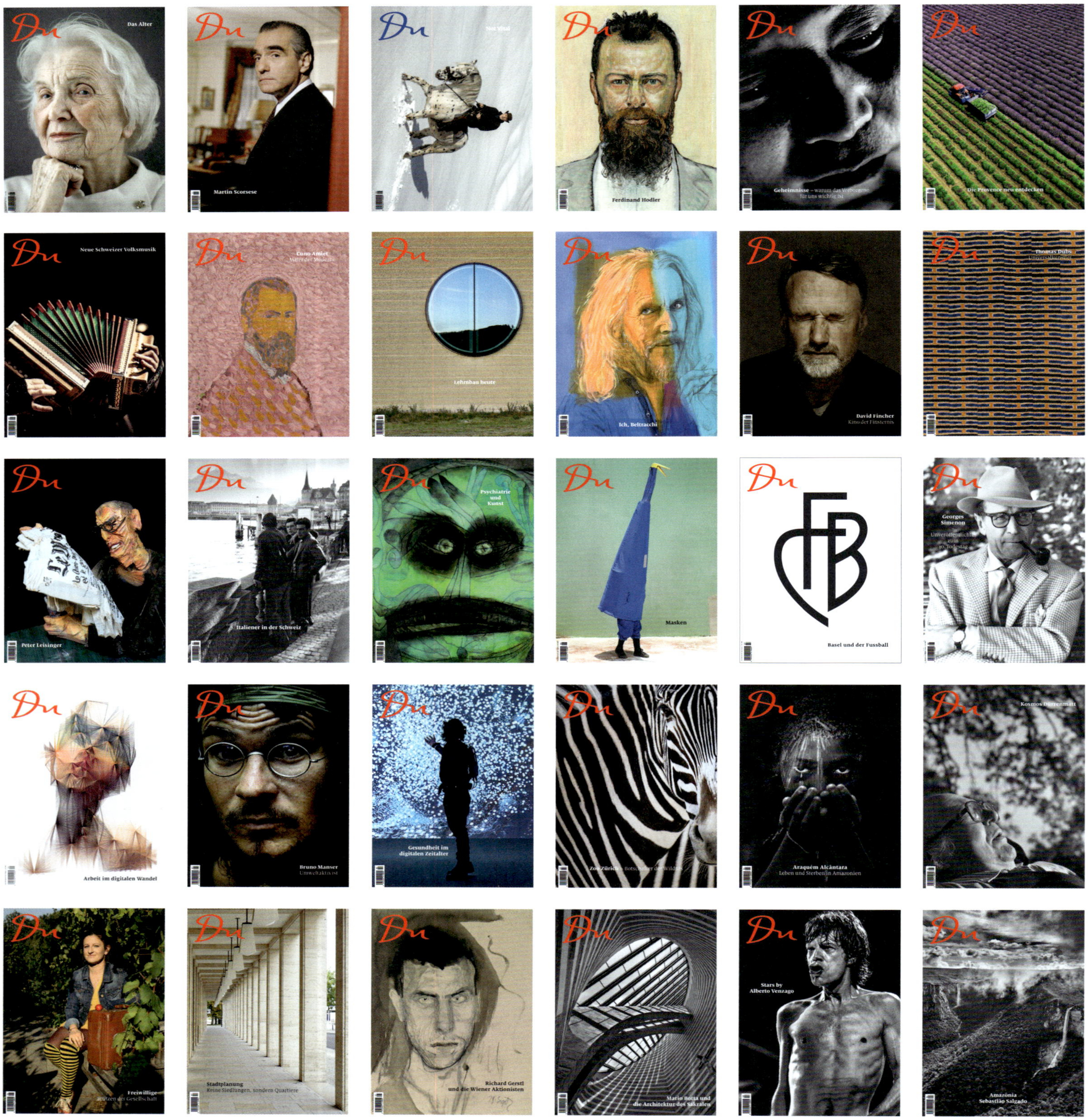

Abonnieren Sie *Du*, und lassen Sie sich von den spannendsten Entwicklungen im breiten Feld der Kultur überraschen.

Deutschland, Österreich und Schweiz

Jahresabo	CHF 160.– / EUR 139,–
Zwei-Jahres-Abo	CHF 290.– / EUR 249,–
Studenten-Abo	CHF 80.– / EUR 70,–
Drei Ausgaben (Probe-Abo)	CHF 40.– / EUR 35,–

Bestellung und Information

Tel.: +41 58 200 55 23 abo@du-magazin.com www.du-magazin.com